DE NOVO E SEMPRE, A ESPERANÇA

Livros do autor publicados pela **L&PM** EDITORES

De novo e sempre, a esperança
Do que você precisa para ser feliz?
Felicidade é o que conta
Para onde vamos com essa pressa?
O que cabe em um abraço
Se você para, você cai
A tristeza pode esperar (Prêmio Açorianos de Literatura 2014 e Prêmio Livro do Ano AGES 2014)

J.J. CAMARGO

DE NOVO E SEMPRE, A ESPERANÇA

Texto de acordo com a nova ortografia.
As crônicas deste livro foram publicadas originalmente no jornal *Zero Hora*.

Capa: Ivan Pinheiro Machado. *Ilustração*: iStock
Preparação: Mariana Donner da Costa
Revisão: Jó Saldanha

CIP-Brasil. Catalogação na publicação
Sindicato Nacional dos Editores de Livros, RJ.

C178n

    Camargo, J. J., 1946-
        De novo e sempre, a esperança / J. J. Camargo. – 1. ed. – Porto Alegre [RS]: L&PM, 2022.
        232 p. ; 21 cm.

        ISBN 978-65-5666-287-9.

        1. Crônicas brasileiras. I. Título.

22-79666   CDD: 869.8
                           CDU: 82-94(81)

Gabriela Faray Ferreira Lopes - Bibliotecária - CRB-7/6643

© J.J. Camargo, 2022

Todos os direitos desta edição reservados a L&PM Editores
Rua Comendador Coruja, 314, loja 9 – Floresta – 90.220-180
Porto Alegre – RS – Brasil / Fone: 51.3225.5777
Pedidos & Depto. Comercial: vendas@lpm.com.br
Fale conosco: info@lpm.com.br
www.lpm.com.br

Impresso no Brasil
Primavera de 2022

Aos leitores que criticam com complacência e elogiam com exagero, mas estão sempre presentes para afirmar que somos acolhidos. A eles o sentimento de gratidão pela vigilância carinhosa, fiel e estimulante.

Sumário

Apresentação 11

A vida não é para desprevenidos 15
As nossas doces mentiras 18
Com o pé no mundo 21
Coragem não se improvisa 23
Eu sei quem você é 26
Gana de viver 28
Dos nossos limites 31
Cuidado com as certezas 34
Confiança é construção 36
Aparentar felicidade: o trabalho que dá 39
A última sala de espera 42
A solidão, uma bizarra causa de morte 45
A pretensa hierarquia social 47
A bondade como uma aposta 49
A guerra dos outros 51
A solidão dos avós 54
Um bar livre de amargura 57
Amor, só se for incondicional 60
Deus está nos detalhes 62
Humor, este vizinho de porta 65
Nossas descobertas 68

A história que os humanos aprenderam 71
Novos ídolos: as vagas estão abertas 74
O encontro dos desiguais 77
O professor, sua sina e paixão 79
Os que não desistem 82
Os contadores de histórias 84
Quando os papéis se invertem 87
Quem joga dados com quem? 90
Saudade tem prazo de validade? 93
Uma tristeza em cada esquina 96
Viver nunca é o bastante 99
Nosso jeito de ser 101
Um pai nunca vai embora 104
Senhores jurados, tenham cuidado 107
Quem garante que você é normal? 110
Que a ciência nos perdoe 112
Quanta coragem é possível ter? 114
Uma praga antiga com nome novo 117
Os limites do encantamento 119
Os amigos políticos 122
O que não se apaga 125
Oráculos do cotidiano 128
Para onde a cabeça nos leva 131
Onde estamos errando? 134
A fronteira dos direitos individuais 137
A curta história de uma herança 140
Chega de saudade 143
Cumplicidade fraterna 145
De novo e sempre, a esperança 147
Em frente, com olho no retrovisor 149
Filhos para todos os gostos 151

Mortes não contabilizadas...154
O Burla que perdemos...157
O clube dos idealistas..159
O escasso limite da tolerância..161
Juntando os cacos...163
Medicina narrativa: a redenção 166
Arquivo encantado do olhar...169
Escolha a medicina do futuro...171
O que não é programável...174
O que se lê e o que somos..177
Uma doença que afugenta..179
Viver mais, só se valer a pena..182
Só ser feliz, porque mais não quis...................................185
Quais são as suas prioridades?...188
A peste que carregamos dentro de nós............................191
A vida como um exercício de sutileza.............................194
O destino, esse irônico e debochado................................197
Não exagere na felicidade: ninguém vai acreditar..........199
Cuide da sua vida. Sua morte parecerá com ela.............202
Vidas suspensas 205
Que médico pretendemos formar?...................................207
Em busca do erro zero..210
Dignidade terceirizada?..213
O que escolheram por nós..216
O ciúme nunca vai embora...219
O quanto precisamos ter...221
Os descartáveis..224
Que o cérebro seja o último 227

Sobre o autor...230

Apresentação

A esperança é crônica. O medo é agudo.

Millôr Fernandes

Como virou moda a busca incessante pela felicidade, a esperança, um sentimento positivo e inspirador, tornou-se indispensável para que sigamos acreditando que os sonhos que embalamos, por ora contrastantes com a realidade, não sejam considerados ridículos.

Fomos concebidos para esperar, e dependendo do nosso teor de credulidade, passamos a vida fazendo isso, e alguns, apenas isso. E quando esperança e fé se misturam, reunimos elementos que, com uma pintada de sorte, podem fazer com que sejamos reconhecidos como santos, mesmo que todo o resto diga que não, nunca fomos.

E a esperança que mantém o sorriso na cara e a paz no travesseiro é o sentimento vital para que não sejamos esmagados pelo desânimo dos que já perderam tanto que nada sobrou para esperar.

Esperamos que tudo dê certo, que a dor passe, que o amor volte e que, voltando, não se arrependa, que o filho nasça sadio e depois cresça com boa cabeça e faça sucesso, que fale dos pais com orgulho, que aprenda a amar a quem o ame e nunca, mas nunca, morra antes da gente.

Na vida, a esperança é camaleoa: na adolescência tivemos esperança (ou pretensão?) de mudar o mundo. A nosso favor, naturalmente. Na maturidade já nos contentávamos com a esperança de que sobreviveríamos. Na velhice acabamos descobrindo que o futuro não é mais do que a esperança posta em prática. E começamos a reconhecer que o futuro morreu quando trocamos a esperança pela nostalgia.

De novo e sempre, a esperança trata disso, do quanto o mundo ficou irreconhecível quando escasseou a esperança, e, na falta dela, ficamos avessos a aglomerações onde, em geral, as pessoas costumam debater os planos futuros, esses projetos que sempre têm mais de esperança do que de realismo.

O que ninguém anteviu foi que o mundo acelerado pelas redes sociais se transformaria neste sanatório geral, em que cada um tem, ou aparenta ter, esperança de que finalmente as pessoas prestem atenção nele, e acabou gerando essa compulsão patológica de expor-se ao mundo, pelo delírio de ser reconhecido, numa espécie de vingança pelo ostracismo em que fora parido.

Mas, *De novo e sempre, a esperança* é muito mais do que isso. É antes de tudo um depositário de lições de vida, sem nenhuma intenção de mudar a trilha de ninguém, mas imaginando que quem se aventurar por estas linhas possa, quem sabe, se encontrar mais propenso à generosidade e mais avesso ao julgamento afoito e vazio.

Como livro, não tem o objetivo de fazer ninguém mudar seu jeito de ser, porque a capacidade de perceber a variedade de estímulos que podem inebriar ou entristecer é tão própria da personalidade de cada um que, ao revisarmos a narrativa desses momentos, impõe-se que tenhamos o espírito desarmado, já que ninguém pode saber de antemão como reagiria, por exemplo, em cada situação de sofrimento, visto que a alegria nos assemelha, mas a adversidade revela que somos absolutamente originais no jeito que cada um tem de sofrer.

Nestas oitenta crônicas, desfilam histórias reveladoras da natureza humana na sua essência, às vezes cruéis, às vezes cômicas, mas sempre verdadeiras. Servindo-me do privilégio de conviver com dramas pessoais e da capacidade de ouvir, fazendo-me parceiro e confidente, pude coletar pérolas de transparência, dignidade, perseverança e resiliência. Depois, havia que enfrentar o desafio de mudar as características dos personagens de modo a preservar-lhes o anonimato, porque a confidencialidade é imperiosa. E mesmo assim conservar intacta a originalidade de cada história, entregando ao leitor essas vivências intensas, que cada um deverá, a seu gosto, arquivar ou incinerar, como um modelo a ser copiado ou repelido.

Muitas dessas histórias envolveram pacientes assustados pela iminência da morte e têm nessa circunstância um valor inestimável, porque a terminalidade é um tempo curto demais para ser desperdiçado com frivolidades e picuinhas. É quando todos percebem que só há espaço para a verdade, despida de sofismas e metáforas, porque sendo última e definitiva ela não pode correr o risco de ficar subentendida.

A preparação para conviver com a terminalidade foi o foco de algumas crônicas, diante da evidência de que pelo menos um milhão de brasileiros morrerão em 2022 de morte anunciada, e isso significará o cuidado de um milhão de seres humanos merecedores de uma morte digna, ou seja, aquela vida que se extingue sem dor, sem falta de ar e sem remorso, de mãos dadas com as pessoas que de fato sentirão a sua perda. E que, durante e depois desse transe doloroso, ainda haverá um milhão de famílias a serem consoladas.

Escrito nestes dois anos e meio que não precisavam ter existido, foi inevitável um olhar generoso e solidário sobre essa experiência desconhecida pela nossa geração, que sem nenhuma preparação possível descobriu o quanto somos individualmente frágeis e insignificantes. Algumas crônicas descrevem o quanto a democratização do medo pode ser reveladora de virtudes que preservam a esperança no ser humano, ou do egocentrismo dos irrecuperáveis, que constrangem os condôminos do mesmo planeta.

A vida não é para desprevenidos

Que a vida é recheada de perplexidades, estamos todos de acordo, e cada um, se estimulado a catalogá-las, elegerá a seu gosto uma mais absurda que a outra. De minha parte, desde que comecei a conviver com doentes de todas as idades e condições sociais e descobri o fascínio de ajudá-los, nada me machucou mais do que a doença na infância. Nem os religiosos, que ficam aliviados por atribuírem tudo à vontade desse Deus que sabe o que é melhor para seus súditos, tiveram argumentos ou ânimo para tentar dar um sentido ao sofrimento de um pingo de gente que nem viveu o suficiente para identificar o bem e separá-lo do mal, este entendido como merecedor de castigo. Menos ainda entendo quando uma criança nasce com um defeito congênito irreparável que lhe retira qualquer chance de sobrevida, tornando explícito que ela veio ao mundo só para sofrer.

Por conta desse meu condicionamento emocional, a história contada pelo Milton Meier, um dos precursores da cirurgia cardíaca pediátrica no Brasil, exigiu que eu me desse um tempo antes recontá-la, porque, como vocês verão, ela não é para desprevenidos.

O Milton Meier, grande unanimidade afetiva da Academia Nacional de Medicina, começou a atender o Júlio desde que ele tinha quinze dias de vida, quando se descobriu que ele batera à porta desse mundo arroxeado e arfante, por um defeito cardíaco em que lhe faltava um dos ventrículos, encaminhando-o para uma sucessão de procedimentos cirúrgicos arriscados, dolorosos e meramente paliativos, sem expectativa real de chegar à vida adulta. Como o Milton é o tipo de médico que todos queremos ter, aquele que nunca desiste do paciente, ele entregou-se à abnegada tarefa de dar ao Julinho a vida mais digna e longa que seu grande talento cirúrgico pudesse oferecer. Em um tempo marcado pela esperança ilimitada dos pais, encantados pela gana de viver do filhote, ele foi submetido a quatro cirurgias, buscando reparar as incorreções da natureza relapsa.

Na primeira infância, Júlio chegou a ter um período de melhora, mas com limitações: apenas andava quando os outros meninos já corriam. Se agachava quando os outros pulavam. Quando completou oito anos, já tendo sido submetido a cirurgias dos dois lados do peito, estava azulado outra vez, e novamente tinha que ser operado. Como já crescera nele, além de pernas e braços, a noção do perigo, arriscou-se a questionar: "Tio, será que eu saio desta?". Meio desconcertado, Milton respondeu: "Dessa o quê, Júlio?". Titubeante, como se contasse um segredo, Júlio perguntou-lhe, baixinho: "Eu vou morrer nessa operação?". Hesitou um pouco, e acrescentou: "Tio, eu não quero morrer!".

Ainda não foi daquela vez. Viveu mais alguns anos. Muito poucos. Apesar de cada vez mais limitado, era uma criança alegre. Frequentava a escola, depois o curso ginasial, era inteligente e muito bom aluno. Júlio lia muito, gostava de ver bons filmes. Aproveitava cada instante como se fosse o último, intuindo que seria.

Um dia, Milton soube que Julinho estava na UTI, e a mãe ligara pedindo-lhe que fosse vê-lo. O filho estava outra vez azulado, como nascera. As artérias do pulmão não suportaram mais a pressão elevada e entraram em falência. Júlio estava morrendo... e só tinha catorze anos. Aquela idade em que todos tivemos a deslumbrante certeza de que a vida estava apenas começando!

E Milton, no comando dessa narrativa, com grande esforço, modulou a voz para contar o resto dessa história. E transferiu o choro para o final, quando não lhe faltou companhia.

"Poucas vezes fui a enterros de pacientes. Nunca me conformei com a morte, jamais de uma criança. Fui ao enterro do Júlio. Muito triste, fui falar com os pais. Quando abracei a mãe, falei: 'Não tenho o que dizer para você'. 'Mas eu tenho', ela retorquiu entre lágrimas. 'Você me deu o Júlio por catorze anos!' Somente para ouvir esse agradecimento já valeu a pena ter vivido!"

As nossas doces mentiras

ESTABELECIDO QUE TODOS MENTEM, talvez devêssemos organizar este contingente – criticável na essência, mas, pelo que se vê, inerente à nossa condição humana. E precisamos admitir que existem tipos muito diferentes de mentira. Pode-se mentir para impressionar, certamente contando que o outro não perceba; para consolar, quase sempre correndo o risco de ser considerado um idiota pelo consolado; ou para explicar o inexplicável, essa tendência bem latina de confiar que, se você continuar falando, o palerma vai acreditar. Esse último grupo mereceu do genial professor Paulo Saldiva a proposição criativa de um clube: o "Otary Club", onde os otarianos dispensariam crachá por serem facilmente reconhecidos pela capacidade inata de acreditar.

Minha intolerância mais antiga é com o contador de vantagens, um tipo frequente em reuniões sociais e, quase obrigatório, em entrevistas de emprego. E, como era de se esperar, essa intolerância aumenta com a velhice, porque parece cada vez mais irritante que alguém suponha que, apesar da idade, ainda somos impressionáveis.

Como a mentira é uma bengala para nossa autoestima, quase nada do que se publica nos sites de relacionamento é completamente verdadeiro. Uma pesquisa baseada nas informações obtidas em uma rede social, na Califórnia, mostrou que os homens eram, em média, cinco centímetros mais baixos, e as mulheres estavam seis quilos acima do peso anunciado. Isto certamente justifica a marcação do primeiro encontro em um lugar público, que permita uma inspecionada na encomenda, reduzindo o dano do voo cego, característico dessas aventuras. A ficção, vista como o modelo mais intelectualizado da mentira, é a prova de que a realidade, além de crua, é muito chata, e ninguém suportaria a literatura que incluísse o bate-papo da fila do caixa do supermercado, ou um romance que relatasse a monotonia de uma vida tranquila e intoleravelmente feliz. Então a imaginação se encarrega de maquiá-la.

O incomparável Ariano Suassuna confessava com naturalidade: "Eu minto, minto muito". E dizia-se encantado com três figuras tradicionais das pequenas cidades do interior: o bêbado, o louco e, naturalmente, o mentiroso. Mas fazia uma distinção entre os mentirosos, elegendo o criativo do bem como o modelo divertido da inteligência mentirosa: o exemplo era de um jovem que atribuía o fato de sua família ser a maior produtora de mel do Recife à proeza de seu pai ter conseguido o cruzamento da abelha com o vagalume, de modo que, com uma lanterna na bunda, elas trabalhavam dia e noite. Não reconhecer a criatividade e o bom humor desta história e incluí-la incontinente no rol do mau-caratismo identifica apenas um dos sintomas de azedume sensorial, frequente nos adeptos do politicamente correto.

No outro extremo, os religiosos trabalham nos seus cultos com uma tese temerária: a verdade liberta. Quando o drama que flagela um indivíduo for a culpa, é previsível que sim, mas, em medicina, a prática da verdade absoluta, tão defendida pelos anglo-saxões, ignora uma realidade indiscutível: nós nunca estamos prontos para absorver toda a notícia ruim. Sempre defendi que dar a alguém o tempo de recrutar as suas reservas emocionais para enfrentar a adversidade é, antes de mais nada, um exercício de empatia e generosidade.

Por fim, guardo com muito carinho a lembrança da convocação de um mestre querido que, às vésperas da morte, pediu que eu falasse no seu enterro. E acrescentou: "Se achar que o que fiz foi pouco, exagere. Se ainda assim parecer pouco, minta!".

Por ele ter sido quem foi, não precisei fazer nem uma coisa nem outra. E sobrou muito.

Com o pé no mundo

Conheci a Cleusa na virada do século. Tinha um derrame pleural recorrente cuja investigação concluiu tratar-se de um mesotelioma difuso, um tumor maligno, com muita frequência incurável.

Numa das primeiras consultas após a conclusão dos exames que mostraram tratar-se de um tumor operável, ela interrompeu para pedir: "Sou viúva e procuro poupar meus dois filhos das decisões que afinal só eu posso tomar. Então me conte das expectativas e riscos!".

A surpresa estava a caminho. Quando pareceria razoável que perguntasse sobre dor, tempo de internação, limitações pós-operatórias, ela foi objetiva: "Em quanto tempo já posso viajar?". Com ela aprendi que não é possível ser feliz sempre no mesmo lugar.

Ela sempre encerrava a conversa com um comentário debochado: "Adoro meu país, mas tenho certeza de que ele suporta a minha ausência uns dois meses por ano!".

Vinte anos depois, ela mantém a rotina de duas consultas anuais, e com propósitos diferentes. A primeira para um check-up que lhe assegure viajar sem sustos, e a segunda, na volta de mais um tour, para me contar o quanto foi maravilhoso, e de como descobrira um roteiro espetacular para cumprir no próximo ano. Suas queixas eram sempre relacionadas com o envelhecimento das amigas, que não conseguiam acompanhar-lhe o passo.

Numa dessas ocasiões, ela referiu a perda de uma companheira que morrera de um infarto, aos 79 anos. Com um ar pesaroso, comentou: "Era uma amiga tão encantadora, que a gente lhe perdoava todos os atrasos!". Eu ri do comentário, ela não. Era coisa séria: "Dói muito perder uma amiga que sabia até o número do meu cartão de crédito!".

E então ela, aos 83 anos, contou sobre o critério que passara a adotar na seleção das novas companheiras que quisessem se incorporar ao grupo que virava o mundo anualmente: elas tinham que ter menos de setenta anos, pois "é muito desagradável substituir as parceiras porque elas simplesmente morreram!".

A última história que soube dela é maravilhosa:

Voltando para casa numa tarde chuvosa, encontrou um carro dos bombeiros na calçada e todos os condôminos na rua. A ocorrência de um princípio de incêndio no último andar obrigara a evacuação do prédio. Depois de uns minutos assistindo àquela agitação, ela, de repente, saiu em disparada, quase atropelou o bombeiro que vigiava a portaria, descobriu que o elevador estava bloqueado e subiu pela escada até o seu andar.

Enquanto isso, as vizinhas conjecturavam, na calçada, sobre o que ela correra para resgatar: uma joia preciosa? Uma lembrança do falecido? Quem sabe uns dólares escondidos no colchão? Um dos vizinhos comentou: "Coisa pouca não deve ser!".

Dez minutos depois ela voltou, ofegante, mas sorridente, com ele na mão, como um trunfo. "Lembrei do meu passaporte porque vou viajar na semana que vem, e nesse tempo eu não conseguiria um novo!"

Pelos resmungos ninguém entendeu. Eu entenderia, mas pra quem não tem o pé no mundo, nem adianta explicar!

Coragem não se improvisa

Os corajosos experimentam a morte apenas uma vez. Os covardes morrem muito antes de morrer.

Júlio César, William Shakespeare

Sempre me interessei pela coragem. Considero-a uma virtude tão importante que, se conseguíssemos sustentá-la – não o tempo todo, porque bancar o super-herói deve ser muito cansativo, mas ao menos nas encruzilhadas mais relevantes –, a vida ficaria mais digna.

Quando ainda menino, me queixei ao amado avô por ter-me submetido a um teste de medo, que eu nunca faria com um neto meu. Ele riu debochado e disse: "Não se preocupe com isso. Nós passamos a vida fugindo, assustados. A diferença é que os valentes, quando sentem medo, correm para frente".

Hoje sei que as melhores coisas que consegui na vida foi pela subjugação do medo, ainda que agora admita com naturalidade que muitas vezes em que dei a impressão de que pagava para ver no que ia dar se deveu a circunstâncias que me impediam de recuar. Enfim, correr para a frente era a única saída possível. Mas a minha admiração é pela coragem espontânea, sem tempo de ensaio que permita simular uma coragem maquiada no camarim.

Quando o Ivan Antonello, renomado nefrologista gaúcho, participando de uma sessão memorável do nosso Curso de Medicina da Pessoa, embargou a voz para contar a história de um pacientinho de nove anos, eu soube que lá vinha emoção, porque sei que o Ivan é um chorão, mas também sei que ele não chora à toa.

O Rodriguinho, depois de um longo tempo de diálise, recebeu um rim do pai e já saiu do bloco cirúrgico urinando, o que é o sonho de todo o transplantado de rim. Três dias depois, já estava no quarto, para a alegria comovida da família. No fim do quinto dia, Ivan recebeu o aviso da enfermagem que Rodrigo chorava de dor. O exame físico detectou um abdome contraído e extremamente doloroso à palpação. Isso, que os médicos chamam de ventre em tábua, é resultado de uma irritação inflamatória intensa, praticamente sempre associada à perfuração de uma víscera e indicativo de cirurgia de urgência.

O cirurgião responsável ainda estava no bloco cirúrgico e pediu que o garoto fosse imediatamente levado para lá, onde procederia o exame e a provável intervenção. Sem tempo a perder, o Ivan, esse tipo que sabe que empurrar maca não faz de ninguém menos médico, saiu pelo corredor com a sua carga preciosa, gemente, e naturalmente assustada.

Logo adiante, encontraram os pais, movidos por aquela angústia que nasce da percepção de mãe, que nunca se engana quando sua intuição lhe diz que uma coisa muito errada está acontecendo com a sua cria. E não importa que idade a cria tenha.

Quando a maca parou, o choro contido do pai era abafado pelo pranto desesperado da mãe.

E então, Rodriguinho, como se a sua dor tivesse por encanto sumido, assumiu o comando: "Mãe, não chore, eu vou ficar bem. O dr. Ivan me disse que o que vou fazer é uma coisa simples e que eu vou voltar bem rapidinho". Uma úlcera gástrica perfurada contrariou o otimismo forçado de Rodrigo e, depois de uma luta insana, um choque séptico refratário interrompeu seu sonho de criança.

Depois disso, nas muitas vezes em que Ivan conviveu com os pais, o assunto obrigatório era a coragem daquele pingo de gente que, na inocência de seus nove aninhos, fora criativo para inventar uma frase que o Ivan nunca dissera, simplesmente para proteger a mãe de um sofrimento que ele nem imaginava o tamanho que teria.

Meu avô teria gostado de conhecer o Rodriguinho.

Eu sei quem você é

SOLTOS NO mundo como anônimos, somos seres incompletos, ainda que esta incompletude seja festejada por aqueles avessos ao convívio social, contrariando a nossa natureza gregária. Mas esses são poucos, acrescidos talvez daqueles que preferem não ser identificados por conta de uma biografia chamuscada.

Quando circulamos livres, sem culpa na mochila, é sempre prazeroso sermos identificados por completo, ou seja, com nome e antecedentes. Sendo a identificação a primeira medida do tamanho que temos aos olhos do mundo, toda a homenagem deve ter a espontaneidade da nominação instantânea.

Por isso aquela cerimônia de reconhecimento ao velho cabo eleitoral, que durante tantos anos tinha sido o fiel escudeiro do político emplumado, morreu no nascedouro e ainda deixou uma mágoa que só morrerá com o magoado.

Tudo tinha sido planejado por um chefe de cerimonial, famoso pelo detalhismo com que impunha a perfeição absoluta. Ele não imaginava que, enquanto o povo se aglomerava na praça (houve um tempo em que a proximidade humana era festejada, lembram?), o imprevisto lambia os beiços.

Com a bandinha interrompendo os acordes iniciais, o político veterano levantou o braço direito, no clássico pedido de silêncio, limpou a garganta de tantos discursos vazios e, se preparando para mais uma fala de outra lavra, anunciou: "Estamos aqui para reverenciar este amigo fiel, este apoiador incondicional durante décadas de assessoria política, que hoje completa oitenta anos. Peço o aplauso ao nosso querido... o velho... o incomparável...".

Com um olhar desesperado passou os olhos pelas folhas soltas no púlpito, onde o escriba contratado para ser emocionante listara todas as conquistas, sem jamais citar o nome do autor das proezas.

Quando todo mundo já tinha percebido que um apagão mental borrara o nome do amigo aludidamente inesquecível, o pedido dissimulado de um estrepitoso "parabéns a você!" não encontrou eco no público, onde os amigos verdadeiros, emudecidos, tomaram as mágoas do desconsiderado e deixaram o homenageando num constrangedor canto à capela.

Os médicos experientes sabem bem que não há relação médico-paciente que se pretenda sólida e duradoura que prescinda de uma identificação solene.

Alerto meus residentes: se não lembrarem o nome do paciente, não entrem no quarto. Poupem-no da humilhação do anonimato. No outro extremo, peçam à secretária que relacione as consultas do dia, para que os pacientes antigos, previamente identificados, iluminem a sala de espera da mais justa alegria ao serem saudados nominalmente pelo médico que os atendeu tempos atrás. E quanto mais humilde o paciente, maior será esta alegria.

Quem achar que isso é um exagero não tem a menor noção do quanto os pequenos gestos de afeto são inesquecíveis quando estamos fragilizados pelo medo. E não interessa o tamanho que este medo tenha.

Gana de viver

O CRISTÓVÃO é personagem de uma linda história de destemor e vontade de viver. Nosso primeiro contato foi antes da pandemia. Agrônomo, quarenta e poucos anos e uma aparência saudável, com um bronzeado de quem não usa protetor solar. Se a voz do medo pode ser reconhecida por algumas características, a dele, com suspiros e solavancos, alternados com tosse, preenchia os critérios.

"Queria que o senhor olhasse meus exames e fosse franco comigo!"

Essa introdução combinava com a expressão de pasmo que acompanha a descoberta da finitude numa idade em que morrer está fora de cogitação. A tomografia de tórax mostrava um infiltrado mais denso que ocupava a metade inferior do pulmão esquerdo e comprometia levemente o terço médio do pulmão direito.

Querendo ganhar tempo, comecei a dizer que teríamos que fazer uns exames para o diagnóstico, e ele interrompeu: "Eu já tenho o diagnóstico, doutor. É um adenocarcinoma de pulmão, e eu queria muito ouvir uma segunda opinião, sobre quanto tempo o senhor acha que eu tenho de vida, porque estou de casamento marcado e não estou preparado para morrer agora".

Tudo era coerente: descobrir-se mortal antes da idade média dos viventes é uma experiência cruel e quase impossível de administrar. Mas o Cristóvão parecia determinado a encarar as circunstâncias com uma coragem que algumas pessoas tiram não se sabe de onde.

Definido que não era uma lesão cirúrgica, restava apostar todas as fichas no tratamento sistêmico, e naquele momento surgiam os primeiros relatos promissores da imunoterapia, isolada ou em associação com a quimioterapia. A expectativa de resposta com a imunoterapia, enriquecida com a informação de que consistia no uso de drogas que estimulavam as células de defesa do organismo a reconhecerem as células tumorais como estranhas e a combatê-las, foi recebida com o entusiasmo de um náufrago que abraça a primeira tábua boiando no mar.

Mas esse nosso Cristóvão, que pela bravura podia ser Colombo, queria saber mais, e a pergunta seguinte tinha a ansiedade de quem já entendeu que diante de um inimigo deste tamanho não podemos conceder espaço para surpresas: "E se esse tratamento não funcionar?".

Foi um alívio admitir que ainda haveria uma última alternativa: "Esse tumor tende a se manter restrito ao pulmão, mesmo com a progressão da doença determinando uma perda gradual da capacidade respiratória. Nestes casos, e só nestes casos, confirmando que a doença continua exclusivamente pulmonar, o transplante pode ser considerado".

No fim da consulta nos despedimos com um abraço. Desses que selam as parcerias no desespero. Os semestres que se seguiram confirmaram as expectativas mais otimistas. As lesões sumiram, os sintomas desapareceram, e a preocupação passou a ser um leve sobrepeso.

Dois anos e meio depois, a reconsulta mais se assemelhava a um encontro social, com a apresentação da esposa, feliz da vida, e uma retrospectiva pungente daquela primeira consulta a ilustrar a importância da preservação da esperança, mesmo quando não há muito mais o que oferecer. "Vivi este tempo como uma pessoa sadia. Doeu muito contar aos meus pais, mas disse a eles e aos meus conhecidos que meu pulmão esteve doente, não eu. E festejei cada nova safra, sem esquecer a gana de contrariar o primeiro médico, que quando lhe perguntei se eu podia continuar trabalhando, porque era tempo de plantar a lavoura, me respondeu: 'Não se preocupe em plantar o que você não vai colher!'"

Dos nossos limites

No MEIO de uma apresentação empolgada sobre a euforia produzida pelo círculo virtuoso desencadeado por uma relação médico/paciente afetuosa, alguém jogou água fria, com balde e tudo, com um comentário inesperado: "Nem sempre o médico está disposto a tolerar os chatos que marcam consulta para derramar num estranho as queixas que seus amigos e familiares não têm mais paciência para ouvir".

Uma ponderação absolutamente pertinente, sendo o médico um ser humano convencional, exposto aos bons e maus momentos da vida, e que muitas vezes tem que sublimar as suas próprias mazelas para ouvir as do outro, marcado pela infelicidade, sempre de tocaia, na sombra da solidão. Seria um exagero atribuir todas as doenças à falta de relações pessoais sólidas, mas não há nenhuma dúvida de que os solitários envelhecem mais precocemente, perdem a capacidade cognitiva mais cedo, adoecem mais e, quando isso acontece, sofrem muito, porque a doença agrava a tragédia de não ter com quem compartilhar.

A experiência médica ensina que, excetuados os chatos congênitos, a grande maioria dos incômodos desnecessários da relação médico/paciente advém de um misto-quente de infelicidade e irritação de quem sentou do outro lado da mesa, pleno do ódio total indefinido, aquele que enche a sala de espera e mira imediatamente na secretária sorridente, quando ela, preenchendo a ficha, lhe pergunta: "Qual é o número do seu celular?" "E por que você quer saber, se ninguém me liga?". Um inexperiente pode concluir que se trata de falta de educação, mas é muito mais do que isso. Um mal-educado feliz nunca daria essa resposta, enquanto o amargurado aproveita todas as brechas para derramar o seu contêiner de tristeza. E a potência do seu míssil de desafeto aumenta muito se, por trás de tudo, houver uma dor crônica. Quem já tiver passado um dia inteiro com dor, qualquer dor, será mais tolerante a todas as queixas paralelas.

Muitas vezes o crachá de identificação deste tipo de inconveniente é apresentado ao médico no final de uma tarde de casos complexos, quando ele, já cansado, o recebe com a derradeira reserva de sorriso engatilhada, e ao lhe perguntar: "Como vai, tudo bem?", o outro dispara o canhão: "Se eu estivesse bem, não estaria aqui!".

Diante dessas reações intempestivas, cada médico reagirá do único jeito que lhe pertence: o seu. Aliás, esse não é o momento para improvisações. O que se pode discutir são as estratégias de desarmamento. Então lá vão três sugestões para os médicos jovens (os veteranos já descobriram as suas, e deveriam sim trazer suas contribuições, porque estamos todos ávidos de aprender):

"O que o senhor acha que eu posso fazer para ajudá-lo a reduzir esta raiva que o atormenta tanto?" (Não se surpreendam se isso desencadear uma crise de choro.)

"Por favor, proponha um roteiro de conversa capaz de fazer com que saiamos daqui com a certeza de que o nosso encontro valeu a pena."

"Quando o senhor se acalmar, perceberá que não é nada inteligente tratar mal a quem poderá ajudá-lo."

Por mais que se ensine em seminários de relação médico/paciente que temos que ser tolerantes com quem sofre, só a experiência nos ensinará que a intolerância e a revolta fazem parte da doença, então temos que sublimá-las com delicadeza, paciência e parceria.

Mesmo quando pareça claro que o infeliz veio determinado a descobrir os nossos limites.

Cuidado com as certezas

O que nos incomoda não é o que não sabemos. É o que temos certeza de que sabemos e que, no final, não é verdade.

MARK TWAIN

APROVEITO TODAS as oportunidades para estimular os jovens a usufruírem ao máximo este tempo maravilhoso das certezas, porque elas minguarão com a idade. Este é um dos para-efeitos mais constantes da velhice, quando nos confrontamos amiúde com a sensação desconfortável de que estamos emburrecendo, com os nossos dogmas escorrendo convicção abaixo. Os desavisados nem imaginam que adiante chamamos isso de sapiência.

Ser professor é experimentar, com a liberalidade de quem está no comando, do fascinante convívio com o jovem, esse tipo inquieto, mas maleável, que com o amadurecimento pode se tornar um ser racional e gentil, que na essência contrasta com aquele senhor turrão que destila na internet toda a raiva que carrega no peito como um crachá de amargura. Trato de cultuar as almas intactas, livres para acreditar que nascemos bons e que é nossa responsabilidade decidir se continuaremos assim.

A certeza absoluta, esta quimera que identifica, por uma afirmação qualquer, a juventude do autor, é recheada com outro atributo da imaturidade: a intolerância com a divergência. Estou convencido de que nos tornamos mais afáveis às opiniões dos outros à medida que o tempo vai mirrando as nossas certezas.

Quando se chega à idade madura, só têm importância as coisas importantes. Esta conquista, que anunciada assim parece ridiculamente óbvia, pode ser antecipada por alguma doença grave, cuja superação traz, como bônus, a ojeriza à picuinha, porque nada será maior que a vida se ela esteve objetivamente ameaçada.

Quem nunca passou por um test-drive com a morte precisa envelhecer para descobrir o que merece nosso desvelo e preocupação. De posse dessa sabedoria duramente adquirida, os velhos se escandalizam ao ver famílias fraturadas por questiúnculas debatidas com a veemência de quem ostenta certezas incompatíveis com a racionalidade.

Um dos mais graves danos da pandemia tem sido a turbulência afetiva de famílias que, aflitas, inseguras e temerosas, se tornaram agressivas na defesa de valores e crenças, demonizando amigos e parentes e, para defender suas teses, trituram os afetos mais antigos, como se esses laços amistosos não tivessem nenhuma valia. Para muitos, os encontros da família se tornaram palcos de beligerância.

Como é absolutamente certo que os objetos dessas discussões acirradas não sobreviverão ao tempo de uma geração, nada é mais urgente do que a reconciliação, enquanto as fraturas expostas da desavença gratuita ainda possam ser reparadas.

Porque não haverá remorso suficiente para acomodar a descoberta tardia de que o ódio entre pessoas que se deviam amar machuca mais, e depois de um tempo pode até adormecer, mas não vai embora. E então, quando mais se imagina que passou, uma indireta num jantar festivo de família incendeia tudo outra vez. Não pretenda consertar no futuro esses arrependimentos por rusgas ridículas, porque o passado da discórdia se diverte jogando a chave fora.

Confiança é construção

NUMA ÉPOCA EM QUE OS MÉDICOS eram só compadecidos acompanhadores da história natural das doenças, não havia muito o que discutir. Era cuidar e cuidar. E os melhores médicos estavam entre aqueles que eram reconhecidos como melhores parceiros na doença, mais atentos na minimização do sofrimento e na preservação da esperança. Enfim, eram mais amigos.

Com os progressos no diagnóstico e, muito especialmente, no tratamento, este parceiro se tornou mais proativo numa função exaltada de sapiência e passou a ser reconhecido como o conselheiro tecnicamente qualificado para orientar nas escolhas terapêuticas, agora representadas por encruzilhadas que passaram a ser definidas por um rótulo pomposo: Medicina Baseada em Evidências. Esta expressão passou a ser adotada como símbolo de respeito ao avanço científico da medicina, porque se apoia em experiências fundamentadas em valores estatisticamente bem documentados. Foi também uma maneira de proteger os médicos seguidores da cartilha de serem acusados de imperícia ou omissão.

O dr. Ignácio, formado em 1953, trazia na bagagem a experiência de duas eras: a antiga, em que a meta era aliviar o sofrimento do jeito que desse, porque mais não se sabia fazer, e a moderna, que ele, um estudioso contumaz, não permitiu que se descolasse da sua rotina, porque odiava sentir-se ultrapassado.

Na cidade pequena, ele fazia de tudo, e bem. Além de médico de confiança, era também um conselheiro respeitável, por ter-se tornado um grande conhecedor de gente, uma condição que, um dia me confessou, era o resultado de ter convivido durante décadas com pessoas assustadas pela doença, que para ele era um exercício de qualificação pessoal: "Não confio em quem nunca sofreu, porque não se aprende a ser valente só de ouvir elogiada a coragem dos outros!".

Conhecedor dos seus limites e crítico feroz dos que retinham os pacientes, não tinha nenhuma dificuldade de anunciar à família do paciente que era possível obter-se mais em outros centros, mais requintados tecnicamente. E ele sabia bem quem deveria cuidar dos velhos amigos, que já o procuravam com esta certeza: se o Ignácio não conseguisse resolver, boa coisa não era, mas ele saberia quem o soubesse.

Quando se tratava de encaminhar um dos muitos amigos na cidade, era frequente que ele o acompanhasse na consulta com o especialista. Lembro com carinho de uma tarde em que ele me trouxe, pela mão, um velho parceiro de pôquer e assistiu à consulta sentado no canto da sala, sacudindo positivamente a cabeça quando ouvia alguma coisa que ele intuía o amigo ter gostado.

Dias depois estávamos os três juntos, outra vez, numa sala de cateterismo para desobstruir uma coronária que andava alarmando as madrugadas solitárias da viuvez.

Quando o procedimento ia começar, ele me pediu: "Doutor, não me leve a mal, mas eu só tenho uma mão livre, e se o Ignácio tomasse conta dela, como já fez outras vezes, eu ia me sentir mais campeiro!".

Cedi o lugar. Nossa relação era apenas embrionária. Não tinha como competir com a confiança construída ao longo de uma vida compartilhada. Nas coisas boas, e nas nem tanto.

Aparentar felicidade:
o trabalho que dá

A arte existe porque a vida não se basta.

Ferreira Gullar

Que coisa bem difícil é a simulação da alegria. No cinema, e principalmente no teatro (onde não se permite reparar a sequência), há uma fantástica exigência de talento, que consagra ou liquida o pretendente à condição de artista. E a exposição do dom dos privilegiados tem a leveza da espontaneidade, enquanto o determinado a forçar ser se consome num esforço tão grande, que o cansaço contamina o espectador, para quem o espetáculo devia ser lúdico e relaxante, mas se transforma em uma exaustiva sessão de halterofilismo emocional.

Kathy Bates não teve concorrência ao Oscar de melhor atriz de 1991 pelo papel espetacular, no filme *Louca obsessão*, de Annie, uma enfermeira que retira de um carro capotado numa tempestade de neve um motorista com fraturas nas pernas e leva-o para sua cabana, onde descobre que o acidentado era o famoso escritor Paul Sheldon, autor de "Misery", sua novela predileta. Depois de um início de euforia amistosa, ela enlouquece ao descobrir que, no livro a caminho do prelo, a sua heroína ia morrer. A partir daí, o suspense só aumenta, no melhor estilo Stephen King. Ela, determinada a jamais libertá-lo para que a morte da heroína não se consumasse, e ele tentando de todas as maneiras simular um afeto impossível, na expectativa desesperada de fugir. Quando ele sugere que ela prepare um jantar a dois, ocorre, na minha opinião, a cena pela qual ela merecia uma segunda estatueta do Oscar. Com o jantar encaminhado à luz de velas, ela se ausenta por alguns minutos e volta maquiada e com um deslumbrante e comovente ar de felicidade quase impossível de ser reproduzido, enquanto todas as atrizes medianas já choraram de maneira convincente.

Outra atriz, a australiana Toni Collette, protagonizou em *O casamento de Muriel* (1994) uma cena que os cinéfilos consideram inesquecível: uma jovem feia, com sobrepeso, discriminada pelas colegas na escola, aceita participar de uma negociação que envolvia o casamento com um galã da natação sul-africana, de modo que essa aliança permitisse que uma vítima indireta do apartheid pudesse concorrer às Olimpíadas pela Austrália.

Apesar de ser uma situação completamente artificial, a alegria do cerimonial era genuína, e com a experiência de dezenas de casamentos presenciados, nunca vi ninguém entrando na igreja mais feliz e radiante. Sempre que posso, revisito *O casamento de Muriel* por esta cena, que ocorre no 71º minuto do filme.

Um amigo querido, com um trauma latente do convívio penoso com um familiar com Alzheimer, sempre que esquecia alguma coisa, dessas difíceis de explicar, insistia que os médicos amigos solicitassem uma ressonância do cérebro, para ter certeza de que não tinha a doença.

Um tempo depois, talvez uns dez anos, o acompanhei numa nova avaliação solicitada por um neurologista. Como um leigo superinformado, ele reconheceu as placas amiloides. Não tinha lamento na voz, apenas a preocupação de poupar os pais octogenários da notícia ruim: "Vamos lá, eu tenho que parecer feliz e aliviado!".

Ele só queria que os médicos anunciassem quanto tempo de lucidez lhe restava. Com esta informação, ele foi o cara mais feliz que já vi, a caminho de casa, para contar que os exames tinham sido normais. Pela simples esperança de poder seguir cuidando dos seus amados e ainda pensando por eles. Pelo tempo que fosse. Talvez no extremo dessa tarefa amorosa resida a força que pode fazer a vida imitar a arte.

A última sala de espera

O PRINCÍPIO E O FIM de muitas etapas da nossa vida não têm limites estanques. É assim lá no começo, quando ficamos indecisos sobre o que fazer da vida. E então um dia despertamos, e daí em diante agimos como se aquele plano tivesse sido o A desde sempre. E as angústias da escolha desgarram da memória e ficam pelo caminho, esquecidas.

Muitas vezes o ritual de planejamento, concepção, entusiasmo, decepção e mudança de rumo segue trilhas inusitadas, porque a vida é afeita a surpresas diante de encruzilhadas que exigem reservas de determinação e ousadia, nem sempre disponíveis. Sem contar as situações não planejadas que nos apanham desprevenidos, como a traição amorosa, a frustração profissional, a derrocada financeira e, a mais frequente de todas as tocaias, a doença.

Nas últimas décadas, nos deparamos com uma situação imprevista com a qual estamos tentando conviver com alguma naturalidade: a morte pela metade. Esta que machuca, dói e faz sofrer, mas não se completa. Esta meia morte, que por uma inversão biológica indesejada conserva intacto um corpo indolente a carregar uma cabeça que já morreu.

Depois de uma longa trajetória de surpresas, falsas esperanças, risos constrangidos e abandono involuntário, descobre-se que o nosso queridão está na sala de espera da morte. É quando o ser amado se desconecta definitivamente, a família não mais o reconhece e se apega à lembrança do que ele foi, porque já não é.

Os progressos da neurociência foram, até aqui, concentrados em reconhecer o inimigo solerte e implacável, enquanto a humanidade, cada vez mais longeva, aguarda a ressurreição que, por enquanto, parece tarefa divina.

As histórias relatadas neste limbo, que define a morte parcial, são comoventes, porque retratam a natureza humana na sua essência, irretocável. Um filho extremado me confidenciou que a experiência mais sofrida foi ouvir de um médico que devia aceitar que seu pai, aquele do arquivo amoroso, batera em retirada, e que ele, que fizera o que podia, devia agora pensar nos seus filhos e tocar a vida.

Chorou pelo caminho, atormentado pela ideia de abandonar quem nunca tinha desistido dele, mesmo numa fase da vida em que mereceu. Barbear o pai todos os dias e cortar-lhe o cabelo a cada duas semanas foi a ponte de afeto que ele estendeu por um tempo, que ele já não lembrava quanto, mas no seu coração tem certeza que foi pouco.

Em um asilo, uma velhinha em fase avançada de Alzheimer despertou aos gritos de um sono, que parecia interminável, pedindo por sua mãe. Quando ouviu da enfermeira que sua mãe não estava ali, respondeu desafiadora: "Não tente me enganar, ninguém faz como minha mãe roscas de polvilho com este cheiro".

A Giovana e uma colega do segundo ano da faculdade foram encarregadas pela professora de proceder o exame de uma paciente com demência e enorme dificuldade de comunicação. A professora instruiu as duas jovens a tomarem a mão da paciente e, apoiando o braço com a outra mão, fazerem movimentos ritmados para desmanchar uma contratura muscular chamada espástica. Depois de alguns minutos de massagem, foram surpreendidas pela frase inesperada de quem se considerava incomunicável: "A mão dessa menina é tão quentinha!". Em algum escaninho remanescente da memória destruída, aquela percepção carinhosa estava arquivada, à espera de um afeto.

Não por acaso, os grandes centros de cuidados paliativos aceitam voluntários dispostos a massagear as mãos de pacientes terminais depois de observarem que esse simples gesto reduz em 50% o consumo de analgésicos. Os prodígios do toque humano sempre representarão um grande trunfo no confronto com a medicina robotizada.

A solidão, uma bizarra causa de morte

A morte deveria ser assim: um céu que pouco a pouco escurecesse e a gente nem soubesse que era o fim.

MARIO QUINTANA

A EXPECTATIVA DE QUE a superpopulação e a instantaneidade dos meios de comunicação favorecessem a aproximação dos inquilinos do planeta não se confirmou.

E ninguém foi capaz de prever esta forma invulgar de solidão produzida pelo individualismo, que ergue muros altos para dizer aos vizinhos de porta que não têm nenhum interesse neles.

A intimidade favorecida pela vizinhança na pequena comunidade, onde todos se conhecem, se perdeu a caminho da cidade grande, onde a insegurança pelo medo do desconhecido eliminou o estímulo à conquista de novos amigos. E antecipou o isolacionismo de Drummond, que estabeleceu como definição de velhice: "Aquela fase da vida em que você admite que já tem todos os amigos que precisa".

Mas nada disso passa perto de explicar o ocorrido com Marinela Beretta, moradora de Prestino, na Lombardia, encontrada sentada em uma cadeira dois anos depois da sua morte. O que naturalmente reacendeu o debate sobre a dramática solidão dos idosos. E o encontro do seu corpo mumificado não foi resultado da busca de um ente querido por algum familiar saudoso e carente de notícias: os bombeiros que a encontraram estavam apenas atendendo a um chamado dos vizinhos que alertaram para o risco de queda de árvores no seu pátio.

O que quer dizer que, passado esse tempo, a pobre Marinella continuava não fazendo falta a ninguém. Talvez ela estivesse pensando nisso quando a morte interrompeu o simulacro de vida que deixaria como único fato marcante esta história, relatada pela imprensa italiana com dois anos de atraso, e que se não fosse tão bizarra, nem isso teria merecido.

"Esta morte solitária de Marinella fere as nossas consciências", admitiu a ministra da Família, Elena Bonetti.

Infelizmente, o ocorrido na Itália, um país onde 40% das pessoas acima de 75 anos de idade vivem sozinhas e, em igual porcentagem, não têm a quem recorrer em uma emergência, tende a se repetir, na medida em que prospere a longevidade sem utilidade, principal usina geradora de solidão.

Fernando Pessoa definiu a morte "como a curva da estrada. É não ser mais visto". Mas a misteriosa vida invisível de Marinella atrás da sua porta fechada nos deixa uma terrível lição porque, como advertiu *Il messaggero*, "a grande tristeza não é que não tenham percebido a sua morte, mas não a terem notado enquanto ainda estava viva".

A pretensa hierarquia social

O FUNCIONÁRIO da segurança do banco só seguia o protocolo, que impunha um ritual de senha e contrassenha para quem acessasse a área dos cofres privativos. Quando ouvimos o clássico: "O senhor tem ideia de com quem está falando?", percebemos logo, pelo tom de voz, que tínhamos sido agraciados pela companhia de um extraclasse.

Só precisávamos descobrir se essa credencial era real ou uma fantasia do credenciado, porque a distância entre como somos e como gostaríamos que nos vissem pode ser quilométrica. Os humildes, ajustados aos critérios que definem humildade, se satisfarão com a identidade básica, essa que consta nos documentos oficiais.

No outro extremo, habitam os deslumbrados com alguma fama aguda e fortuita, que com graus variáveis de narcisismo tratam os circundantes como lacaios, uns coitados que nascem com a função exclusiva de reverenciá-los. Os deslumbrados nunca acreditam que alguém possa não os reconhecer e não têm a menor ideia do quão provável é que, no futuro, se tornem sócios honorários do clube dos ignorados crônicos. E com louvor.

Quando avançamos para o valor que se dá a quem se tornou, de alguma forma, reconhecido, os comportamentos também podem divergir substancialmente. Entre os famosos, se reconhece as pessoas do bem, que circulam entre seus pares com a serenidade madura de quem não precisa provar nada pra ninguém, porque está em paz consigo mesmo, e os mal-afamados que, se não chamassem tanta atenção, andariam sempre de capacete, porque não conseguem andar na rua sem serem importunados e, naturalmente, odeiam voos de carreira. Esses estão condenados de antemão à solidão na velhice, porque a biografia constrangerá os parentes, e os cúmplices que durante um tempo foram confundidos com amigos vão abandoná-los quando não houver mais o que cumpliciar.

Entre os humildes há um subgrupo dos que são tratados como invisíveis, e muita gente, mais apressada em aparentar do que interessada em ser, não se envergonha em anunciar que cuidar dessas pessoas é desperdiçar o escasso tempo da construção da sua própria notoriedade.

Depois que aprendi que dar visibilidade aos humildes é descobrir o filão da gratidão na sua forma mais pura, passei a insistir com meus alunos para que deem o máximo valor à identidade, primeiro degrau da visibilidade.

E o teste proposto é simples: quando um paciente, com a subserviência inconfundível dos desamparados, sentar-se à sua frente, olho no olho, sem olhar na ficha do ambulatório, perguntem: "O que posso fazer para ajudar o nosso Jose Inácio Silveira Silva e Silva?". O brilho da córnea e aquele meio sorriso que se completaria, não fosse a timidez, é a senha de acesso ao mundo ideal, que ele nunca imaginou frequentar.

Daí em diante, teremos dois seres humanos ao alcance de um simples toque de mão. E iguais, que é como melhor nos sentimos. Um, feliz de fazer o que gosta, e o outro encantado com a diferença que faz ser tratado como gente.

A bondade como uma aposta

Como uma espécie de contraponto à maldade que insiste em ocupar as vitrines da mídia, há um processo social em andamento com objetivo de tornar as pessoas conscientes de que somos originalmente bons, e que a propagação da bondade torna a vida de cada um dos envolvidos mais leve, harmoniosa e saudável. Assim como não se reprime a violência esmagando o violento (ainda que seja a reação natural do agredido), existem muitas evidências de que só a bondade abre portas com espontaneidade, porque este ciclo virtuoso não apenas conforta quem pratica, mas também constrange os agressivos.

É verdade que as tragédias despertam um lado sinistro que acionamos periodicamente para animar a flacidez do "tudo maravilhosamente bem", que o mestre Ariano Suassuna já reconhecia como insuportável ao leitor de um romance que, página atrás de página, relatasse uma vida monotonamente feliz. Mas o que queremos eleger como aposta é o jeito de ser no convívio diário com pessoas que ocupam o mesmo espaço, se alimentam dos mesmos sonhos e sofrem frustrações que reconhecemos como nossas também.

Baseado na Universidade da Califórnia, em Berkeley, um movimento chamado muito convenientemente de Greater Good (*bem maior*, em tradução livre) tem produzido pesquisas interessantes que resultaram em observações inovadoras sobre as raízes da compaixão, da felicidade e do altruísmo.

A sensação reconfortadora que se tem ao ler esses depoimentos é que nós, como sociedade, temos solução – mesmo contra a corrente pessimista que desencadeia a respiração suspirosa ao fecharmos o jornal. E quando os adultos nos decepcionarem, sempre restará recorrer à pureza das crianças, porque elas são o modelo perfeito do que fomos um dia e que deve nos inspirar ao resgate quando esquecemos.

O Artur é um garotinho lindo crescendo numa família que chegou à terceira geração transbordando de afeto. Vítima da coisa mais incompreensível na infância, a doença, desde o primeiro momento ele pareceu menos assustado do que a retaguarda de carinhosos adultos, todos com choro engatilhado.

No meio do tratamento que vai curá-lo de um linfoma, chegou o momento de colher material da medula óssea para um autotransplante, logo adiante. Terminada a coleta, iniciou a espera pela informação do quanto a amostra era satisfatória. Quando recebeu a notícia da oncologista, a mãe, eufórica, repassou a ele: "Artur, temos material para fazer três transplantes!". A resposta, adoçada pela boa índole de um coração generoso, saiu espontaneamente: "Que bom, mãe, porque então a gente vai poder doar para alguém que precise também!".

Impossível não compartilhar o orgulho do avô que ligou só para contar de que material o Artur foi concebido.

A guerra dos outros

A guerra é sempre a escolha dos que não precisam lutar.

"Ave Maria" – Bono Vox, Pavarotti

Como as pessoas do bem são generosas e se preocupam em serem respeitadas por afeto e não por temor, é fácil identificar a personalidade dos líderes desbravadores que se dispõem a expandir os limites de seus países, não importando o quanto já sejam enormes. Pela completa ausência de empatia com os subjugados, são merecidamente rotulados como psicopatas.

E muitos deles, ao longo da história, prosperaram na esteira de sentimentos coletivos de cegueira, indignação, cinismo, pobreza e iniquidade. Sem esses elementos torna-se inexplicável que um país civilizado como a Alemanha, por exemplo, tenha parido e endeusado um doido como Hitler, que de um jeito ensandecido foi um dos maiores líderes da história ocidental.

Como a história, monotonamente, tende a se repetir, muda o século e, quase por geração espontânea, surge uma versão caricata, enriquecida por armamento nuclear invejável e um implacável olhar de indiferença com o sofrimento alheio, além da capacidade assustadora de anunciar, sem elevar a voz, que quem se opuser às suas pretensões sofrerá consequências inéditas na história da humanidade. Com a lembrança vívida dos horrores que a humanidade já viu, essa declaração devia assustar mais que tudo.

A ferocidade com que ele ocupa um país menor, sem as mínimas condições bélicas de enfrentamento, ignorando a agonia sufocante gerada pelo sentimento suicida de patriotismo de seus habitantes, tem claramente a intenção de demonstrar que fortão que ele é e, mais do que isso, antecipar aos circundantes o que os espera se houver uma reação de qualquer tipo que não seja a prosaica gritaria.

Como o anúncio de ameaça de guerra nuclear não convence mais, já que com os armamentos disponíveis dos dois lados isso seria o fim da vida na terra, ninguém se intimida com esta balela requentada, e começam as articulações de acordos que sejam equilibrados para permitir uma moderada euforia de quem ganhou, mas sem uma humilhação acachapante de quem perdeu – com a certeza de que o dano moral pela humilhação desse arreglo ficará arquivado para uma revanche no futuro, em razão da tal necessidade de a história se repetir.

Na comparação com episódios bélicos do século passado, as guerras atuais são mais fugazes, não só porque o mundo perdeu a paciência com ameaças vazias, mas muito porque os instrumentos de pressão do mundo exterior mudaram radicalmente: em vez de sanções, com repercussões imprecisas a médio prazo, inferniza-se o dia a dia do homem do povo, retirando-lhe as facilidades que, por exemplo, Google, WhatsApp, Apple, YouTube emprestavam ao seu cotidiano. Ninguém convencerá que a causa do governo é justa se o cidadão comum não puder mais pagar suas contas pelo aplicativo, fazer compras com cartão, viajar para o exterior e, o mais singelo, andar de metrô, porque até as cabines que vendiam tickets foram desativadas.

Com o mundo, previsivelmente, tomado de simpatia pelo mais fraco, comove a criatividade desse país, com uma riquíssima história milenar de desprendimento, bravura e sobrevivência. E a preparação para o enfrentamento revela o que cada um valoriza e cultua com devoção: muitos, com os filhos pequenos nas costas, feito mochilas, fogem na direção de uma paz redentora. Outros erguem barreiras e empunham fuzis, sem nenhuma certeza de que terão coragem de disparar o primeiro tiro, mas confiando que o ódio acumulado fará isso. E até houve quem, trancado em casa, tenha colocado na janela o seu bem mais valioso: uma barricada de livros.

A solidão dos avós

O ENVELHECIMENTO BIOLÓGICO traz uma desaceleração inevitável no ritmo da vida associativa, o que diminui o ímpeto para a comemoração e estabelece uma priorização, algumas vezes rabugenta, do que é realmente importante. O cansaço mais fácil nos deslocamentos, a falta de colaboração dos joelhos, a audição prejudicada, a intolerância com quebras de rotina, a irritação com o improviso já tornavam o nosso velhinho um sério candidato ao distanciamento social, muito antes que isso se tornasse uma recomendação médica para um pretenso retardo na disseminação do vírus. Felizmente, essa marcha rumo ao ostracismo é muito lenta, com exceção daqueles eventualmente acometidos por doenças cerebrais degenerativas. Essa decrepitude gradual é, em geral, percebida com mais facilidade pelos convivas esporádicos e compreensivelmente ignorada pelos familiares, que caminham junto com a mudança e a processam ao longo dos anos, de modo que as falhas ocasionais são generosamente atribuídas às coisas da idade.

O que a pandemia fez com a determinação de isolar os velhos por serem considerados população de maior risco foi acelerar o processo de distanciamento social, agora como uma imposição sanitária, trazendo para o cotidiano do idoso o convívio com insônia, depressão e irritabilidade. Um velho paciente meu, sempre gentil e cordato, me confessou o constrangimento de ter xingado um vizinho no elevador: "Ou tiras esta máscara para que eu possa te ouvir ou ficas quieto!".

A solidão embutida nessas medidas protetoras apanhou a todos desprevenidos, e com o passar dos meses o isolamento foi empilhando tristeza, até que, para muitos, minou a razão de viver. A reação às perdas afetivas foi variável, dependendo do temperamento de cada um: alguns, gregários incontroláveis, com a solidão ficam doentes de morte e se deprimem, e bebem, e se desesperam. Outros se bastam e até festejam a oportunidade de não ter que explicar suas excentricidades.

Um dia desses, no final de uma aula virtual, eu trouxe para discussão os critérios que os cirurgiões usam para eleger o tipo de paciente que justifica o investimento emocional de uma cirurgia de risco com intenção de alongar o tempo de vida que a doença encurtaria. Todos concordaram que o pré-requisito mais importante é a qualidade da vida mental do paciente. Assim, argumentei que o grande compromisso médico nessa situação é devolver o idoso à sua família com a mesma atividade cerebral que justificou que ele fosse um candidato cirúrgico. De passagem, para reforçar a minha tese, comentei o significado de um avô de boa cabeça no contexto familiar.

E então, precisando muito interagir com uma plateia virtual silenciosa, perguntei ao primeiro aluno visível no alto da tela se ele ainda tinha avô, e havia uma história comovente à minha espera: "Eu tenho um avô maravilhoso, de 82 anos, que tendo enviuvado no início do ano passado, passou a viver sozinho. Como as minhas visitas escassearam na pandemia, ele mandou me chamar e disse: 'Meu neto querido, você precisa cuidar desse teu velho avô que está se sentindo muito sozinho'. Então, professor, eu tentei argumentar que frequentando hospitais, entre pessoas doentes, a minha visita seria um risco pra ele. E ele contrapôs: 'Pois se eu não puder te ver, não tenho nenhuma justificativa pra continuar por aqui. Vem pelo menos três vezes por semana, nem que seja para me trazer a doença'. E desde então tenho feito os testes dia sim dia não, para três visitas semanais. Não posso permitir que meu vozinho morra de tristeza!".

Um bar livre de amargura

A vida é a arte do encontro, embora haja tanto desencontro pela vida.

Vinicius de Moraes

Não fomos concebidos para a solidão, ainda que alguns, os esquisitões, cultivem-na por opção. Então, que tal se no meio desse infindável isolamento compulsório, alguém decidisse criar o grupo do "bar virtual"? Afinal, poderíamos trocar confidências, cada um bebendo na sua própria poltrona, rememorando o tempo passado e, vamos lá, reconhecendo que se tivéssemos percebido o quanto o antes era bom, teríamos aproveitado mais.

Assumindo que arrependimento não conserta o passado, vamos organizar melhor o futuro. Começando por parar com as lamúrias e tentar fazer deste *happy meeting* o mais relaxante possível. Como chegaremos para o web papo depois de mais um dia de notícias amargas, imagens escabrosas e acusações oportunistas, precisaremos nos proteger, e três assuntos seriam proscritos sob pena de exclusão do grupo: peste, crise e caça aos culpados.

Reconhecendo que estamos carentes dos nossos amigos e consumidos pela sensação horrível de que pela impossibilidade de abraçá-los eles possam estar esquecendo da gente, com as memórias escorrendo pelo vão largo da saudade, vamos tratar de acarinhá-los. Então estabeleçamos critérios amenos para o nosso bate-papo, que incluam os efeitos humanizantes de emoção, inocência, humor e criatividade, esses atributos que qualificam a vida. E já anunciemos que, a partir de amanhã, este *webhall* estará aberto a histórias de amigos novos que reúnam essas características. As melhores serão publicadas aqui, neste espaço. A primeira história de hoje é uma mistura comovente de inocência e curiosidade.

O Julinho havia acabado de aprender a contar até cem, e o pai lhe pediu que ligasse para o avô que estava de aniversário. Então ocorreu este diálogo: "Oi, vô, parabéns! Quantos anos você tem?" "Setenta e um, meu queridinho." "Nossa, vô, e você começou do um?".

A segunda história é maravilhosa: a dra. Talita Franco é uma brilhante cirurgiã plástica e pessoa de doçura incomum. Operou no ambulatório do hospital universitário, no Rio de Janeiro, uma lesão de pálpebra do seu Carlos, um velhinho cego, sempre guiado por sua esposa, e ficou impressionada com a humildade do casal, com aquela resignação silenciosa dos pacientes do SUS. Combinou a volta em quatro dias para a retirada dos pontos. No dia marcado, com uma fila enorme de pacientes, houve uma falha no sistema e ela não foi avisada que seu Carlos retornara. Só quando chegava em casa, do outro lado da cidade, lembrou dele. Consumida pela culpa, pensou naquele homem modesto, mais uma vez humilhado, no dinheiro da passagem, no cansaço de ter acordado cedo, na fome àquela hora tardia. Ligou para o hospital e a enfermeira confirmou que depois que todos já tinham saído ela notara aquele casal de velhinhos no salão vazio. Tinham esperado por horas, mas como ninguém lhes chamara, não tiveram coragem de perguntar. Como não podiam mais ser atendidos, foram embora. A doutora passou o resto do dia em diligências para conseguir o endereço do seu Carlos. Telefone não havia. As referências eram precárias. Tratava-se de um morro sem ruas demarcadas. Conseguiu encontrar uma espécie de Centro Comunitário e para lá mandou um telegrama com um texto enorme, no qual se desculpava e pedia que ele voltasse no próximo dia de ambulatório e, assim que chegasse, mandasse chamá-la.

No dia aprazado, ela chegou cedo e, pouco depois, ouviu uma voz forte, dizendo: "A dra. Talita está esperando por mim!". Quem adentrou sua sala foi um homem transformado. O sr. Carlos parecia ter crescido alguns centímetros. Aprumado, bem-vestido e sorridente. Os olhos sem brilho se enrugavam no sorriso. A mulher, de braço dado, aquela que o guiava em sua cegueira, agora parecia guiada por ele.

Repetida a explicação e renovado o pedido de desculpas, os dois disseram que acabou sendo muito bom, porque o telegrama no morro fora um sucesso. Ninguém jamais havia recebido um telegrama, e o casal passou a merecer maior respeito e atenção dos vizinhos. A dignidade tinha sido resgatada por um gesto simples, mas que se opusera à humilhante sensação de insignificância.

Amor, só se for incondicional

NENHUM TEMA FASCINA mais nem é capaz de despertar reações tão imprevisíveis de admiração, inveja, preconceito, espanto, humilhação, ódio, veneração, euforia, delírio, estupor, idolatria, submissão e loucura que o amor. Cada um ama do seu jeito, e a maior bobagem é aconselhar alguém sobre como proceder ao bater de frente com o amor. Então, nunca digas que o amor é cego só porque ele um dia te cegou.

Como ocorre com todos os sentimentos complexos, sempre estamos disponíveis para dizer o que julgamos adequado em cada situação, completamente relaxados na nossa condição de juízes emocionalmente descomprometidos. Numa espécie de punição dos deuses que mistura ironia com deboche e castigo, nem nos reconhecemos quando caímos na teia, sempre de tocaia, porque o amor verdadeiro não se anuncia.

A literatura está cheia de amantes que se excederam, perderam a noção do ridículo ou que transcenderam a razão, e quando perceberam que não havia como viver sem o amor, anteciparam o fim. A história que inspirou esta crônica é verídica e foi contada pelo professor Silvano Raia, um grande mestre da cirurgia brasileira, responsável pela formação de centenas de cirurgiões de todas as idades, que estufam o peito para anunciar quem os treinou.

Ele estava no sexto ano do curso médico e era interno do Hospital das Clínicas, em São Paulo. Num plantão noturno, os doutorandos, em ordem alfabética, recebiam os pacientes admitidos em ordem de chegada. Foi assim que ele teve o azar de receber um menino pequeno que sangrava bastante, com um ferimento na língua. Não bastasse a enorme dificuldade de conter o capetinha, que gritava, espernava e mordia os dedos do cirurgião, ainda teve que acompanhar o caso destinado à sua colega, vizinha de box e futura ginecologista, que recebera o caso dos sonhos para um projeto ambicioso de cirurgião, porque todos os grandes no futuro nunca tiveram dúvidas de que o seriam.

Tratava-se de uma mulher jovem e bonita que fora agredida com uma navalhada, causando um longo corte superficial nas costas, do ombro direito até a região ilíaca esquerda. O tratamento dessa ferida representava, este sim, o sonho de todo aprendiz de cirurgião. Triste com a tarefa que lhe coubera de suturar a língua da criança rebelde, observava invejoso sua colega que atendia a jovem morena na mesa de mármore ao lado, a dois metros de distância. Assim, não pode evitar de ouvir o diálogo que se estabeleceu entre ambas: "Minha filha, quem foi que fez isso em você?". "Ah, doutora, foi o meu homem, o Mexerica. A polícia está dando em cima do nosso trabalho na avenida Paulista, a renda diminui, e ele fica furioso".

A doutora encheu o peito e fez aos brados o seguinte discurso: "Que você se prostitua já é uma miséria. Pior ainda que você dê o resultado do seu trabalho ignóbil a um homem. Ainda mais para um fdp, que faz isso em você". A paciente não respondeu. Passados alguns minutos, a doutora insistiu: "Então, você não diz nada?". E, para surpresa dele, da doutora e de todos os que puderam ouvir, a paciente respondeu: "Doutora, não adianta lhe explicar, a senhora não conhece o Mexerica!".

Deus está nos detalhes

O que eu faço é uma gota d'água no meio de um oceano. Mas, sem ela, o oceano será menor.

Madre Teresa de Calcutá

Bastou eu ter escrito uma coluna sobre a minha perplexidade diante do sofrimento de uma criança doente ou, mais incompreensível ainda, nascida com um defeito congênito que lhe rouba na origem a possibilidade de atingir a maturidade, para despertar nos doutrinadores o impulso da palavra esclarecedora, aquela que está nos livros psicografados por autores que captaram, por caminhos desconhecidos, a palavra divina e a divulgam, para que os semialfabetizados se esclareçam. Como sempre defendi que as pessoas precisam acreditar em alguma coisa no caminho da completude, sinto um pouco de inveja de quem crê no que é impossível obter confirmação. Esta que, tantas vezes, é uma área de atrito entre ciência e fé.

Admitindo que ninguém consegue ser completamente agnóstico, defendo-me argumentando que a minha crença se ampara na *generosidade*, e faço dela a *minha fé*. A generosidade como expressão prática da *misericórdia* – palavra formada pela junção de *miserere* (ter compaixão), e *cordis* (coração) – é, para os pragmáticos, a expressão mais completa de religiosidade.

No Bereshit, o primeiro livro da Torá (equivalente ao Gênesis do Antigo Testamento) há, segundo comentários rabínicos, uma história que reporta a dúvida de Deus, se criava, ou não, o homem e a mulher. Por fim decidiu, democrata como Ele só, ouvir membros do seu parlamento. A Justiça foi definitivamente contra, argumentando que só traríamos problemas, porque somos falsos e mentirosos e transformaríamos o reino do céu num inferno. Então Deus, equânime como convém a um Deus que quer ser modelo inspirador, decidiu ouvir a Misericórdia, que ponderou que era possível que causássemos alguns transtornos, mas certamente traríamos tantas alegrias que valeria a pena dar-nos uma chance. Deus então teria se decidido pela criação, mas estabeleceu uma cláusula pétrea: tomou a Misericórdia em suas mãos e, fortão feito Deus, jogou-a ao chão, quebrando-a em mil fragmentos e obrigando os recém-criados a catarem esses pedaços espalhados por toda a terra, como forma de construir a felicidade. Deus se mostrou generoso, mas exigiu reciprocidade, que devia presumivelmente estar presa ao cumprimento desses detalhes, cheios de delicadeza, que definem como somos. É fácil presumir que Deus esteja nesses detalhes, vigiando-nos. A misericórdia, essa capacidade de condoer-se com a dor do outro, desde sempre me encantou, e no contraponto plantou em mim a ojeriza pelos muitos devotos, quando incapazes de qualquer manifestação de empatia e solidariedade.

Certamente por isso, Madre Teresa de Calcutá, com sua vida dedicada integralmente à caridade, é a minha santa predileta, capaz de inspirar pelos gestos, que tantas vezes dispensam as palavras. O YouTube permite-nos assistir a um trecho do discurso que ela proferiu em Oslo durante a Cerimônia de Outorga do Nobel da Paz, em 1979, com o relato sobre a menininha faminta que, ao receber um pão inteiro, começou a comê-lo grão a grão. Quando Madre Teresa insistiu, "Coma o pão, vamos, coma o pão!", ela respondeu: "Tenho medo de comer o pão, porque tenho medo de que, quando ele terminar, eu volte a sentir fome outra vez!". Esta história emocionou a plateia e, 32 anos depois, continua comovendo-nos pela pungência dos detalhes. Onde Deus, presumivelmente, está.

Humor, este vizinho de porta

Um renomado otorrino recebeu no consultório um casal de velhinhos muito ansiosos pelo resultado de uma biópsia de laringe feita na semana anterior. Deu uma espiada no laudo, pigarreou e começou a explicar que, com os achados do laboratório, deveria encaminhá-la a um especialista em cirurgia de cabeça e pescoço: "Dona Maria, infelizmente se confirmou uma neoplasia... o que torna o seu caso mais complexo... mas vou encaminhá-la a um especialista, um grande cirurgião de cabeça e pescoço".

A paciente, já com a surdez da velhice e sem entender o abuso do jargão técnico, vira-se para o marido e gesticula com a cabeça, demonstrando que não estava entendo nada. E o marido resume: "É o seguinte: esse daí não sabe de nada e vai te mandar para um médico melhor".

Um velho italiano, operado há muitos anos de um câncer de pulmão, fez uma demorada consulta de revisão sob o olhar vigilante da esposa, que várias vezes sinalizou que ia apartear para contrariar alguma informação dada por ele, mas era imediatamente bloqueada com um gesto de cotovelo, forte e definitivo. No final da consulta, ele, já cansado, finalmente cedeu espaço para uma consulta paralela, uma prática rotineira em certas etnias.

– Desculpe, doutor, não queria abusar, mas ando assustada com a minha pressão, que do nada sobe, de me doer a cabeça. Mas agora nem adianta medir porque não estou sentindo nada!

Então, veio uma pergunta preliminar importante, porque muitas hipertensões estão relacionadas com a chamada apneia do sono:

– A senhora ronca?

Enquanto ela pensava na resposta, o marido aproveitou a brecha para dizer:

– Vê se mente para ele agora! – Havia muita represália naquela provocação.

Na década de 70, o uso do fumo em enfermarias, e até em consultórios, era frequente. Se o fato de médicos seguirem fumando já definia o absurdo, imagine-se o paradoxo se o dito cujo fosse pneumologista. Pois o personagem dessa história fumava fora do ambiente médico, mas não resistia à abstinência durante as infindáveis horas de consultório e fugia periodicamente para dar uma pitadinha rápida no banheiro. Um dos seus pacientes, o Fagundes, ex-fumante inveterado que tinha abandonado o vício pela pressão do doutor, ao entrar no consultório, com o olfato recuperado, ficou pensativo um tempo, depois deu-lhe um conselho de amigo:

– Meu doutor, acho recomendável que demita esta menina. Imagina o que vão pensar do nosso doutor se descobrirem que ele tolera o péssimo exemplo de ter uma secretária fumante!

A doença de Alzheimer é a forma mais comum de demência neurodegenerativa em pessoas idosas. O impacto do sofrimento pela doença no paciente e na sua família tem etapas distintas. Num primeiro momento, o paciente é quem mais sofre pela percepção de lapsos de memória, com a consciência de que alguma coisa está errada. Numa fase avançada, com desconexão cognitiva, o sofrimento é transferido, com exclusividade, para a família.

O Reinaldo, considerado uma velha raposa da política interiorana, estava naquela primeira fase e fazia, no desespero de ocultar os "brancos" que vinha sofrendo, uma teatralização mal ensaiada no intento de aparentar intencionalidade. Um dos sobrinhos, no almoço de domingo, com o intuito de provocar, disse:

– Tio, acho que o senhor anda meio atrapalhado. Como está a sua memória?

– Perfeita, me lembro de tudo!

– Ah, é?! Então diga o nome do nosso governador!

O Reinaldo ensaiou um riso debochado e saiu pela tangente:

– Imagina se vou esquecer o nome do governador! O problema é que eu não digo o nome desse canalha por nada deste mundo!

Os neurônios da esperteza ainda estavam operantes.

Nossas descobertas

Vida é o desejo de continuar vivendo e viva é aquela coisa que vai morrer. A vida serve é para se morrer dela.

Clarice Lispector

O acúmulo de danos, como viuvez, perda dos parceiros, distanciamento dos filhos ocupados com suas próprias coisas, vai decorando com tantos penduricalhos a imagem da morte que lá pelas tantas ela começa a parecer "natural", como só os velhos conseguem perceber. Sempre haverá os pusilânimes a assumir que não estão prontos (e em algum momento estarão?), como se a vida deles tivesse sido uma festa imperdível, daquelas que a gente nem acredita que amanheceu.

Os mais realistas assumem que o tempo passou, que a vaga que fora ingenuamente tratada como vitalícia tinha prazo de validade e a moita precisava ser desocupada.

Quando a legião dos veteranos é enjaulada com a justificativa humanitária de protegê-la das ameaças virais, os comportamentos divergem. Alguns se transformam no que sempre foram, uns chatos, ególatras, gigantes de umbigo e anões de solidariedade. Como passaram a vida feito mimados, cuidando de si, sem nenhum olhar para o mundo periférico, não será agora com dependências reais de familiares e amigos que acordarão para a necessidade de oferecer algo para legitimar a expectativa de receber.

E então se queixam, sem perceber que nada espanta mais a parceria do que a lamúria constante que conduz, em marcha acelerada, para o bazar da morte desejada.

Outros, os destemidos, veem o ciclo vital com a naturalidade de quem entende que o desgaste pelo uso das potencialidades físicas, o cumprimento de metas estabelecidas e a capacitação da prole para o futuro, que ela mesma terá que construir por conta e risco, podem, e seria ótimo que conseguissem, tornar a figura do avô ou avó memorável. Mas que ninguém confunda com indispensável.

Só a morte dos filhos pela cruel inversão da ordem natural da vida produz a dor irreparável da perda. A morte dos velhos produz saudade, em dose proporcional ao afeto que deixaram como herança. E a vida segue, porque ela só sabe fazer isso.

O que a solidão imposta por esta interminável quarentena nutrida por medo, ameaças e culpas provocou foi uma aceleração dessas descobertas que estavam ofuscadas pelo deleite do convívio social, pela possibilidade de distrair os espíritos com os encantos das artes e com o colírio dos olhos cansados guardado na beleza de outros mundos, que estiveram sempre escancarados à espera de serem flagrados pela curiosidade dos viajantes.

Muito das depressões que estão a exigir drogas e ajudas psicológicas insaciáveis nasceram da flagrante incapacidade das pessoas de autonomia, de desejos e de frustrações. A solidão compulsória acabou por concentrar em si o desânimo que o deprimido espalhava por aí, impunemente.

Esse tipo de comportamento ficou muito prevalente. E muitas pessoas buscam o conforto de conversar com o seu médico para falar da solidão, essa doença cuja melhor vacina é a oferta constante de generosidade, que só convence se for independente da necessidade. Felizmente, para a sorte de ouvidos exaustos dos lamentos, alguns conservam o espírito leve, capaz de manter intacto o humor.

Como o Ariosto, um homem velho, como todos os Ariostos. Com 93 anos, saindo de uma UTI de Covid depois de dez dias penados, ao ser perguntado sobre como fora essa experiência, respondeu com uma cara debochada: "Eta, doencinha danada, doutor. Se pega um velho, mata!".

O miserável do vírus não tinha ideia de com quem se metera. Bem-feito pra ele.

A história que os humanos aprenderam

A guerra é um lugar onde jovens que não se conhecem e não se odeiam se matam entre si, por decisão de velhos que se conhecem e se odeiam, mas não se matam.

Erich Hartmann – piloto da Segunda Guerra Mundial

Como bem advertiu o brilhante Rodrigo Lopes em recente coluna na *Zero Hora*, a paz, sempre enaltecida, nunca passou de uma condição excepcional ao longo da história da humanidade.

Da competição mais prosaica, a luta por alimentos envolvendo caçadores-coletores nos primórdios da civilização, descrita por Yuval Noah Harari em *Sapiens*, passando por grandes transformações civilizatórias, como as guerras mundiais (com o ápice da maldade no Holocausto), seguindo-se com a Guerra Fria em passado recente, avançando para a Segunda Guerra Fria que se desenha, e a Guerra Cibernética que se prevê, nunca houve, e aparentemente não haverá, um dia de paz completa neste planeta dos insaciáveis e inconformados.

Então, mesmo considerando-se louvável o esforço do nosso Santo Papa (e dos 265 que o antecederam), que com seu ar sereno e benevolente ensina-nos que devemos persistir na busca da pacificação dos filhos de Deus, parece ingenuidade imaginar a mais desacreditada das utopias modernas: a paz entre os homens.

Diante das grandes vilanias, encanta muito mais a percepção do quanto os humanos podem ser surpreendentes em superação e generosidade. Há muitos anos, um aluno perguntou à grande antropóloga americana Margaret Mead qual era, na sua opinião, o primeiro vestígio de civilização humana, e ela disse: "Um fêmur com 15 mil anos encontrado numa escavação arqueológica. Naquela época, caça ou caçador que sofresse uma fratura estava morto. A fratura consolidada encontrada naquele fêmur significa que alguém tinha cuidado daquela pessoa. Abrigou-a, alimentou-a e protegeu-a, ao invés de abandoná-la à sua sorte. O que nos distingue, enquanto civilização, é a empatia, a capacidade de nos preocuparmos com os outros".

Tem sido assim nos grandes conflitos. O fato de que nascemos bons explica por que tantas vezes, quando a curva do comportamento humano pendeu para o mal, como se fosse um novo jeito de sermos, imediatamente um surto de bondade brotou de recém-natos, e o equilíbrio foi restabelecido.

No 11 de setembro, quando os Estados Unidos provaram do seu próprio veneno e se sentiram violados como nunca antes, foram coletadas histórias comoventes da mais pura solidariedade:

"Eu tenho oitenta anos. Meu uniforme da Segunda Guerra ainda serve em mim. Ainda enxergo bem. Ainda ouço bem. Mantive meu treinamento de piloto em dia. Avise a quem você puder que estou pronto para servir."

Ou o garoto tatuado e cheio de piercings que queria a todo custo ultrapassar as faixas de isolamento e foi barrado por um oficial, que lhe disse: "Você é menor de idade e não pode ficar aqui!". E ele respondeu: "Seu guarda, eu fiz dezoito anos ontem e quero doar sangue. Acho que é o único jeito que eu posso ajudar!". Ou então: "Seu guarda, eu estou clandestino nos Estados Unidos, mas será que não me deixam ajudar como voluntário?".

Ainda agora, com a fuga em massa da guerra que está devastando a Ucrânia, milhares de refugiados invadiram os países vizinhos em busca de sobrevivência, que dependia, para começar, de um prato de comida e um cobertor. Os relatos de movimentos de solidariedade oferecendo abrigo temporário em habitações antes disponibilizadas para locações de turistas no Airbnb dão sentido à esperança de que o bem, de um jeito tímido e silencioso, acabe vencendo. Como o Papa acredita.

Novos ídolos: as vagas estão abertas

A VIDA COTIDIANA, em geral, é muito pobre de emoções. Para os médicos, isso se torna muito aparente pelo jeito com que a maioria das pessoas maneja a memória de suas doenças.

Uma doença grave, uma grande cirurgia, uma passagem por uma UTI passam a ocupar um lugar tão proeminente no imaginário dos envolvidos, e a história é tantas vezes repetida, sempre acompanhada de glamorizações para torná-la ainda mais interessante, que depois de um tempo os personagens da história original não mais a reconhecem. Isso se reflete no pasmo dos médicos ao ouvir relatos em que lhes foram atribuídas declarações que jamais, sob nenhuma hipótese, as profeririam.

Se precisamos recorrer a esses artifícios para tornar nossas vidas mais empolgantes, e os eventos com este poder de impactar são raros (se fossem frequentes, seriam banalizados!), por aí começaremos a entender melhor a necessidade de cultuar ídolos, que estarão sempre entre aqueles que, por algum talento especial, nos brindem com emoção gratuita.

Invariavelmente esse herói idealizado tem um atributo cuja falta nos esmaga: a coragem. E essa qualidade invejável traz um encantamento que não respeita fronteiras. Vi turistas lotando a praia de Varadero abraçados em bandeiras brasileiras, e cubanos pelas ruas de Havana chorando a morte de

Ayrton Senna, que nunca tinha sido visto de perto por nenhum deles.

A história agora se repete, e uma mexicana conta que soube por sua mãe que no momento do parto seu pai não esteve presente: tinha ido ao Estádio Nacional ver o Maradona jogar! A reverência internacional a Maradona despertou a repulsa dos que não conseguem separar sua vida desregrada e afiliação política sectária do talento genial que lotava os estádios por onde andou, e que mereceu aplausos até de seus adversários de campo.

Fiquei pensando em como um alienígena descomprometido (eles, em geral, são assim) aconselharia a massa que se aglutinou imprudentemente para um choro solidário pela morte do seu ídolo: "Paciência pessoal, tudo tem seu tempo. Tranquem a dor da perda e aguardem a liberação da vacina!".

Claro que parti do pressuposto que os alienígenas desconhecem o conceito de idolatria, que envolve sentimentos comuns indissociáveis, como dependência emocional, deslumbramento imaturo e carência afetiva. Mas quem disse que somos perfeitos? Prefiro reverenciar o encanto do baixinho de pernas curtas, com uma estabilidade impressionante que resistia ao impacto dos seus desesperados marcadores e seguia soberano no caminho vertical para o gol. E esquecer a tristeza do Dieguito, que ascendeu com uma rapidez incompatível com sua pobre estrutura emocional. Se soubermos reconhecer seu talento incomum, seremos críticos menos ferozes e, quem sabe, sublimaremos os defeitos dele. Pelo menos parte daqueles que se pareçam com os nossos. Selecionei três frases que gostaria de ter escrito e que foram ditas por quem teve a ventura do convívio epidérmico:

Falcão: "Dentro de campo foi um Deus! Fora dele, um ser humano!".

Guardiola: "Não importa o que o Maradona fez pra vida dele. Eu sei o que ele fez pras nossas vidas!".

Um torcedor argentino, cantando a sua dor: "Diego, hoje foi o dia mais triste da minha vida, porque você foi o maior responsável pelos meus dias mais felizes".

A necessidade de ídolos para fazer a vida suportável tem muito a ver com uma autoestima cambaleante e com a noção dilacerante de nossa irretocável insignificância. Mas e se essa dependência for só o que nos resta?

O encontro dos desiguais

Alguns nascem grandes, outros alcançam a grandeza, e uns têm a grandeza imposta a eles.

WILLIAM SHAKESPEARE

ALGUMAS PESSOAS, claramente, nasceram para ser grandes, enquanto outras, muito mais numerosas, se conformam em ser pequenas. Mas quando elas se encontram, naquele instante serão iguais, principalmente se o tamanho delas for determinado pela métrica do imponderável e do medo.

Ainda que abundem os soberbos e os empinados, com uma autoestima tão insuflada que lhes garanta a justificativa de gostarem de si mesmos como se fossem o que aparentam, existe um território que nivela os comportamentos, extinguindo a arrogância e a prepotência: o do sofrimento.

Não o desconforto banal, por uma incomodação boba, mas o sofrimento pela descoberta da finitude. Nesse dia, que não escolhe classe social para se tornar inesquecível, é rotina que o pretensamente mais importante se revele mais carente e frágil, como se a vida sofrida tivesse produzido anticorpos de coragem e resiliência em seu parceiro circunstancial de infortúnio.

Numa roda de café, mostrando que a medicina não cansa de surpreender mesmo aos médicos mais experientes, essa questão tinha sido trazida por um cirurgião de trauma que atendera as vítimas de um acidente, a queda de pequeno avião, que vitimara o piloto e colocara os dois passageiros sobreviventes, patrão e empregado, na mesma sala de pronto atendimento. Ambos com fraturas nas pernas, ilustraram a máxima que determina que somos iguais na alegria, mas na adversidade cada um terá a sua fórmula, pessoal e única, de sofrer.

A julgar pelos suspiros contidos do Romeu e a gritaria chorosa do patrão, os centros da dor dos portadores das quatro pernas quebradas produziam reações tão contrastantes, que poderiam levar um leigo a supor que talvez os giros rápidos na quadra de tênis tivessem (vá saber por qual mecanismo!) hipertrofiado as terminações nervosas nas pernas de um e que o caminhar trôpego, nas trilhas da roça, embotara as do outro.

O tímido protesto do Romeu veio como um apelo: "Patrão, acho que gritar não ajuda na dor, e se a gente ficasse quieto e deixasse essa injeção funcionar, podia ser que desse até pra dormir um pouco". Essa declaração, quebrando a hierarquia feito pernas, exauriu a reserva de desassombro e coragem do autor, que em seguida caiu em sono profundo. Quando iniciaram as remoções para um hospital especializado, o Romeu mostrou toda a sua humilde praticidade e subserviência: "Levem o patrão primeiro. Esse é um homem bom e tem sido um pai pra mim. Se ele morrer, eu não sei o que será da filharada que arrumei pra mim. Mas se eu morrer, ele saberá".

O professor, sua sina e paixão

Não sou jovem o suficiente para saber tudo.

OSCAR WILDE

TEMPOS MACABROS, rotina soterrada, e cá estamos, desajeitados, tentando sobreviver com essa forma estranha de comunicação que é uma mistura de monólogo de consultório de psiquiatra, que às vezes parece estar desenhando, e o silêncio sepulcral do confessionário, em que o ruído mais comum é o bocejo do representante de Deus, veja só!

A gratificante presença da uma pré-lágrima no olho do aluno ao ouvir uma história emocionante na sala de aula foi substituída pela constrangedora sensação de que estamos falando sozinhos. Um dia desses, num momento de solidão máxima, pedi que todos os alunos abrissem os microfones e tossissem. Não queria uma declaração de amor – a checagem positiva de que continuávamos vivos no mesmo planeta já me confortaria.

Terminada mais uma aula, dessas muito chatas, abandonei a plataforma e fiquei lamentando o quanto perdemos nesse ano que podia ter sido riscado do calendário, os seus tantos afetos desperdiçados, a pobreza de intimidade, a inanição de aconchego e a escassez de riso. E fiquei lembrando das muitas vezes em que a sala de aula me deu alegrias capazes de sublimar o descaso com que professores são tratados em países como o nosso, onde nem se suspeita o porquê de sermos subdesenvolvidos.

Lembrei de uma aula em que contei a história de uma fofinha transplantada que ligava para o consultório, no meio da tarde, só pra dizer: "Tio, tô com saudade!", e quando a aula terminou uma aluna me disse, muito emocionada: "Professor, eu lhe prometo que vou ser uma médica tão boa, mas tão boa, que um dia meus pacientes haverão de ligar só pra dizer que estão com saudades minhas!". Ou de um tímido, que quase nunca falava, e no fim de uma aula desgarrou-se da turma para, meio engasgado e trêmulo, me pedir: "Professor, eu preciso que o senhor me ajude a ser como o senhor".

Ou de um e-mail que recebi no dia seguinte a uma conferência proferida em um grande colégio de Ensino Médio. A mãe, também professora neste colégio, contava, encantada, que seu filho adolescente chegou em casa animadíssimo e confessou: "Mãe, acabou meu sofrimento!". E a mãe, perplexa: "Mas que sofrimento, meu filho? Nem sabia que estavas sofrendo!". "Ah, mãe, esses dois anos sem saber o que fazer da minha vida foram horríveis. Mas agora me decidi. Vou ser médico!"

Ou do Cleber, um aluno inesquecível pela inteligência luminosa e um senso de humor que dava graça ao seu jeito debochado. Sempre que, ao terminar uma aula, eu discutia uma situação hipotética da relação médico/paciente, lá vinha um comentário jocoso. Passados uns quatro ou cinco anos da formatura, o encontrei na Santa Casa e, com ar solene, que nem remotamente lembrava a imagem que guardava dele, fez a confissão mais inesperada: "Professor, o senhor não sabe, mas um dia o senhor disse que nós médicos não devemos nos esconder pra chorar, porque erramos muito, e deixar que os outros percebam o quanto sofremos com isso é o único jeito de nos redimir. Então eu pensei: 'Nunca vou ser um médico frouxo assim!'. Mas hoje perdi um paciente que eu gostava muito, e a família me abraçou e agradeceu comovida meu atendimento e carinho. Eu me refugiei no carro porque não queria que me vissem chorando, e eu não estava conseguindo segurar! Ainda me escondi, mas já chorei! E vim correndo lhe contar que estou melhorando!".

Esse tipo de confissão equivale a incontáveis pedidos de desculpas de uma sociedade que desvaloriza o professor, porque ainda não entendeu por onde se começa a construção de uma pátria capaz de orgulhar a sua prole.

Os que não desistem

As pessoas que trabalham em emergências são especiais, naturalmente selecionadas pela capacidade de se opor à ideia da morte com tenacidade, sem se acomodar na aceitação de que todos morreremos, e portanto nada mais natural que a toda hora ela se imponha. É muito mais adequado para a preservação da sanidade de quem trava o bom combate que nos mantenhamos inconformados com essa naturalidade biológica e pensemos viver como se fosse para sempre, sem a preocupação de cronometrar esse tempo.

A experiência ensina que o imprevisto tem manhas de originalidade, e por isso uma das tarefas médicas mais difíceis é a desistência das manobras de ressuscitação em traumatizado grave, especialmente quando a vítima, sendo jovem, teria muito mais vida por viver do que aquele que, circunstancialmente, está ali com a missão audaciosa de se opor à morte extemporânea.

A adrenalina transbordante nessa situação explica a energia colocada em cada manobra e a indescritível sensação de êxtase ao constatar que a danada se rendeu. Alguns, preconceituosos, atribuem aos doutores o complexo de divindade por esses momentos vitoriosos porque ignoram que os médicos verdadeiros se contentam com a alegria silenciosa e genuína de terem sido capazes de fazer o que fizeram. Tanto é assim que, muitas vezes, a gratidão surpreende por vir quando o autor da proeza já nem pensa mais no ocorrido, porque a vida continuou com suas pequenas vitórias e grandes desistências.

Da experiência do Rui Haddad, um notável cirurgião carioca, restou, ao menos, uma linda história. Vítima de um trauma severo, um homem de 35 anos foi trazido de ambulância e aportou no hospital em parada cardíaca depois de um grave acidente de carro num subúrbio do Rio. Com o coração sendo massageado no elevador, alcançaram o bloco cirúrgico. Não importa quanto tempo decorreu nas manobras de ressuscitação, porque cada minuto parece uma eternidade enquanto se caminha nessa divisória em que ajudaria se a vida, ao menos, oferecesse um corrimão.

Contrariando todos os escores de mortalidade, o paciente teve alta depois de quatro dias internado na terapia intensiva. Semanas depois, novamente de plantão, o Rui foi abordado por um paciente que não conseguiu reconhecer, tamanha a transformação desde o dia em que estiveram separados por uma maca ensanguentada.

"Doutor, eu sou aquele paciente que só sobreviveu porque Sua Excelência, segundo os médicos do hospital me contaram, durante meu atendimento, disse a eles várias vezes que não ia, de forma alguma, desistir de mim. E eu aqui estou."

Depois disso, por 41 anos, no dia do médico, do aniversário do Rui e daquele que chamou de "meu segundo nascimento", o telefonema se repete: "Sou eu doutor, para agradecer à Sua Excelência por não ter desistido de mim". Confiar em quem cuida tem essa exigência: é apostar que o cuidador seja do tipo que nunca desiste.

Os contadores de histórias

A vida não é a que a gente viveu, e sim a que a gente recorda, e como recorda para contá-la.
Vivir para contarla, GABRIEL GARCÍA MÁRQUEZ

OS CONTADORES DE HISTÓRIAS constituem uma categoria à parte na cultura dos povos de todas as épocas. Nos primórdios, eles foram os veiculadores orais do conhecimento, quando não havia outra forma de divulgação, e por isso eram festejados. Depois, quando a escrita surgiu e se disseminou, eles passaram a ser vistos como *diferentes*, com inegável tendência a serem diminuídos aos olhos críticos de seus pares mais intelectualizados, mas ainda assim com um público numeroso e fiel.

O livro mais famoso da cultura ibérica, *Dom Quixote de la Mancha* (1605), revelou em Miguel Cervantes um dos primeiros representantes dessa categoria original e criativa. Na era moderna, o mais famoso dos contadores de histórias foi certamente Gabriel García Márquez (1927-2014), que de tão excepcional quebrou o círculo hermético da supererudição e ganhou o Nobel da Literatura em 1982. No seu *Eu não vim fazer um discurso*, que é uma espécie de biografia através de alguns dos seus discursos mais importantes, ele diz explicitamente: "Não me peçam para falar de literatura porque eu não entendo disso. Eu sou apenas um contador de histórias".

No Brasil contemporâneo, provavelmente ninguém divertiu mais se divertindo com as histórias que contava do que Ariano Suassuna, que admitia que importava muito pouco se a história era ou não verdadeira, desde que ela fosse boa. A maioria dessas histórias não está escrita, e o YouTube é o fiel depositário dessa cultura que não pode se perder. Seria uma pena se os nossos netos fossem privados de rir, por exemplo, do causo da mulher antipática que foi à casa dele e, na chegada, anunciou que viera lhe dizer uma coisa de que ele não ia gostar. E ele se antecipou: "Pois então não diga!". Mas não adiantou. Ela estava determinada e, confirmando que ele era do signo de gêmeos, perguntou: "Você sabia que dizem que as pessoas de gêmeos têm duas caras?". E ele respondeu: "E a senhora acha que se eu tivesse duas caras eu ia usar esta daqui?". E todos riam, e ele ria mais que todos.

Para quem gosta de boas histórias, a internet oferece acesso a verdadeiras preciosidades, muitas das quais, por mérito, viralizaram na rede. Selecionei duas para compartilhar:

O major do exército americano Robert Whiting, um senhor de 83 anos, chegou a Paris de avião. Na alfândega francesa, demorou alguns minutos para localizar seu passaporte na bagagem de mão. O funcionário da alfândega, sarcasticamente, o repreendeu: "Se o senhor já esteve na França, devia saber que mostrar o passaporte é obrigatório e devia tê-lo pronto para apresentá-lo". O velho major, constrangido, disse: "Na última vez que estive aqui não precisei mostrá-lo". O funcionário da alfândega, já com a voz mais alta, disse: "Impossível. Os americanos sempre precisam mostrar seus passaportes ao chegar à França!". Então o major Whiting lançou um olhar longo e duro aos franceses e explicou em voz baixa: "Bem, quando cheguei à praia de Omaha no dia D, em 1944, para ajudar a libertar este país, não consegui encontrar um único francês para mostrar-lhe meu passaporte".

Quando emigrou para os Estados Unidos, Albert Einstein lecionou na Universidade de Princeton. Certo dia, saindo de Nova Jersey de trem, foi abordado pelo cobrador e não conseguia encontrar o ticket. Foi prontamente identificado pelo cobrador, que lhe disse: "Não se preocupe, eu já o reconheci", e foi adiante. Quando ia passar para o vagão seguinte, olhou para trás e viu o professor ajoelhado, procurando algo embaixo do banco. Voltou e repetiu: "Professor, já lhe disse para não se preocupar com o ticket, eu sei quem o senhor é!". E Einstein teria respondido: "Obrigado, eu também sei quem sou, mas preciso muito descobrir para onde estou indo!".

Quando os papéis se invertem

Ele foi admitido no setor de medicina interna com sinais de infecção não controlada, febre persistente e dor abdominal. Se um quadro infeccioso sempre assusta pela imprevisibilidade, quando essa situação é transferida para um paciente imunodeprimido, o risco cresce exponencialmente. Pois esse cenário envolvia o Evandro, um homem de cinquenta e poucos anos, transplantado de rim aos 29.

Depois de uma melhora inicial com o uso de antibióticos, iniciou um quadro acelerado de septicemia, que agora já se sabia provocada por uma extensa diverticulite. O quadro infeccioso generalizou-se e, nessa condição, o envolvimento pulmonar é uma complicação quase inevitável e associada a uma alta mortalidade. Apesar do uso de doses crescentes de oxigênio por meio de máscaras de alto fluxo, o Evandro passou a exibir sinais de fadiga ventilatória, decorrente do esforço progressivo de manter-se respirando. Quando chegou ao limite, com queda temerária da oxigenação, a intubação tornou-se obrigatória. Ele, que até então se mantinha submisso às recomendações do intensivista, quis conversar com o especialista responsável pelo transplante e pelos vários anos de cuidados subsequentes.

Nessa altura, o nefrologista, relator dessa história, fez um parêntese para comentar que usualmente tornava-se amigos dos pacientes pelo carinho que lhes dedicava, mas também muito pela necessidade de acompanhamento perene, vivessem o quanto os dois, médico e paciente, vivessem. Depois de uma pausa, acrescentou que o Evandro era um paciente especial, por atributos de confiança, generosidade e gratidão ilimitados.

Com esse estado de espírito, o nosso doutor acelerou o passo para socorrer um dos seus queridos, e ao entrar na Unidade de Terapia Intensiva, encontrou o amigo que, apesar de arfante e sudorético, conseguiu sorrir ao estender-lhe a mão arroxeada.

Então inicia-se um diálogo que mistura em doses generosas confiança, angústia, desespero por continuar vivendo e medo de não conseguir: "Meu querido doutor, tu achas que essa máquina vai me ajudar?".

O medo de que já fosse tarde demais se diluiu na afirmação vigorosa: "Claro que sim. Tu vais poder descansar e, com a oxigenação garantida, teremos o tempo de ver os antibióticos funcionarem".

E então, com tudo explicado e coerente, veio a pergunta inesperada: "Doutor, e eu vou morrer?".

Quem já viveu essa situação sabe o quanto custa manter a esperança quando o som das palavras já não soa verdadeiro, e o único impulso é abraçar. E foi isso que o Ivan Antonello (um desses médicos para ser copiado) fez, mas, ao sentir o corpo do amigo soluçando no abraço de náufrago, não conseguiu segurar o seu próprio choro. E então, como só pode ocorrer em relações humanas de intensidades proporcionais, inverteram-se os papéis, e o paciente assumiu o comando: "Não chore, meu doutor. Lá atrás, quando falaram que meu rim não tinha jeito, sim, eu estava morrendo de medo. Afinal, eu só tinha 29 anos e dois filhos pequenos. Agora, vivido esse tempo que o seu transplante me presenteou, meus filhos tornaram-se adultos autônomos, e um deles até me deu um netinho, o maior presente da minha vida. Então não chore, doutor, nós somos uma dupla de sucesso!".

Quando a intensidade afetiva rompe a barreira de uma pretensa hierarquia, não mais surpreende que o paciente amoroso possa, no limite da gratidão, ser médico do seu médico.

Quem joga dados com quem?

Deus não joga dados com o Universo.

ALBERT EINSTEIN

AS GRANDES TRAGÉDIAS sempre foram um inesgotável manancial de estudo do comportamento humano em situações marcadas por medo, coragem, covardia, revolta e resiliência, num cenário em que o único sentimento excluído, na origem, é a indiferença.

Dois livros imperdíveis – *Plano de ataque*, de Ivan Sant'Anna, e *O único avião no céu*, de Garrett Graff – reuniram fragmentos de histórias da vida de pessoas comuns que, de alguma maneira, foram escaladas por Deus, pelo destino ou o que seja, para estarem frajolas no lugar errado, naquela terça-feira, 11 de setembro de 2001, que amanheceu com um céu de brigadeiro, ou "o céu de 22 milhas", que é como os americanos definem visibilidade máxima para os pilotos. Por desconhecidos critérios de seleção e sem nenhum ensaio prévio, milhares de pessoas oriundas de mais de noventa países diferentes estavam involuntariamente perfiladas para participar do maior atentado terrorista que o ocidente já viu.

Se Einstein estava certo ao afirmar que "Deus não joga dados com o Universo", é razoável supor que, ao menos nesse dia, Ele acordou disposto a fazer uma fezinha, só pra quebrar a monotonia da vida eterna. Se não, como explicar que fatos ou decisões absolutamente aleatórias tenham determinado que muitos morressem e outros tenham ficado para contar como sobreviveram?

Das centenas de homens e mulheres que trabalhavam acima do 95º andar da Torre Norte do World Trade Center, apenas cinco sobreviveram. Um deles, David Kravette, sentado à sua mesa, com uma visão deslumbrante da cidade, recebeu um chamado da portaria dando conta que um dos pretensos convidados para a reunião daquela manhã tinha se apresentado sem nenhum documento, e era necessário que alguém do escritório descesse para autorizar-lhe a entrada. Quando se dirigia à secretária para encarregar-lhe da função, percebeu que ainda tinha uns vinte minutos antes de iniciar a próxima reunião e, constrangido por submetê-la a esse esforço no final da gestação, decidiu ele mesmo descer. Quando chegou na portaria, ainda teve tempo de provocar: "Quem é o pateta que esqueceu a identidade em casa?". Antes da resposta, no meio da gargalhada, o AA 11 invadiu a Torre Norte, matando centenas de pessoas, inclusive a jovem grávida.

Jeremy Glick, morador de Boston, tinha uma viagem no meio da tarde da segunda-feira para Los Angeles. No início da noite, avisou a esposa que tinha havido um incêndio no aeroporto de Newark e que tinham transferido seu voo para as 20h, e ele, cansado que estava, desistira da ideia de chegar em Los Angeles às duas da madrugada e estava indo para casa para dormir mais cedo. Reservara o voo UA 175 para a manhã seguinte, sem saber que esse avião tinha como destino final a Torre Sul do WTC.

Joseph Lott estava hospedado no Marriott, um hotel de 22 andares que faz parte do complexo, e recebeu uma amiga querida para tomar café da manhã. Ela lhe trouxe, como mimo, uma linda gravata vermelha e azul. Quando ele se preparou para engravatar-se, ela protestou: "Só um pouquinho, essa gravata com uma camisa verde não dá". Ele confessou que a intenção era usar uma camisa branca, mas a que trouxera estava toda amassada. Então ela insistiu: "Dá uma passada na camisa branca, vai ficar linda com esta gravata, e não se esqueça que você vai conhecer o novo chefe. A primeira impressão é importante". Ela se despediu com um "Até já" e caminhou rápido para a reunião. Ele demorou uns quinze minutos passando a camisa branca na prancha. Quando já ajustava o nó da gravata, ouviu-se um estrondo na Torre Norte. Ele tinha sido salvo pela camisa amassada. E a amiga, apressada em subir, tinha razão: gravata azul e vermelha só combina com camisa branca.

Saudade tem prazo de validade?

*Saudade é um pouco como fome. Só passa
quando se come a presença.*

CLARICE LISPECTOR

MUITAS ATITUDES REVELAM a educação ou a falta dela. Mas por mais esmerada que ela tenha sido, ainda sobrarão as diferenças pessoais reveladoras da índole, essa característica da personalidade que não pode ser ensinada, ainda que alguns exemplos da infância fiquem reverberando pela vida afora. Meu pai dispensava qualquer empregado da fazenda que batesse nos animais, fosse o bicho que fosse. Não sei o quanto isso influiu na minha formação, mas sempre me senti um covarde nas raras tentativas de caçar alguma presa. Nunca esqueci uma tarde em que andando pela fazenda me deparei com um tatu, uma promessa de carne que desfiada e somada à farofa é festejada pelos tropeiros. Eu e o tatu nos surpreendemos, acho que eu mais do que ele, mas saí em sua perseguição, o alcancei e voltei pra casa orgulhoso da proeza. Mas o certo é que nunca resolvi aquele episódio, e lembro dele de vez em quando como uma experiência muito desagradável de um homem grande contra um animalzinho minúsculo, que tinha como única defesa a velocidade na fuga, que não fora suficiente para alcançar a toca antes que eu o atingisse.

Não me interessei pela farofa e encerrei uma promissora carreira de caçador. E então, na contramão dos que apregoam que os médicos enrijecem com a velhice, fui ficando cada vez mais mole, e qualquer história que envolva emoção me derruba. Como o rótulo de frouxo não constrói prestígio na modernidade, a única solução que encontrei foi cultivar amigos com as mesmas fraquezas. Porque é para isso que fomos feitos, para compartilhar sentimentos iguais.

Semana passada, almocei com um desses tipos que entendem que é possível chorar sem que seja por perda ou dor, e lá pelas tantas ele confessou que tinha se chocado com uma matéria de jornal que entrevistou um administrador de um canil público de Londres que recolhia cães perdidos na cidade e depois os preparava para a adoção. Segundo o relato, a procura por animais domésticos, especialmente cães, aumentara muito durante o confinamento pela pandemia, o que era até estimulado depois da experiência exitosa que mostrou uma redução de 50% nos índices de suicídio entre os moradores de rua depois que a prefeitura londrina adotou a política de oferecer um cão parceiro para repartir infortúnio, fome, frio e solidão.

Mas, com a pandemia arrefecendo, inverteu-se o fluxo, e agora a preocupação era como acomodar tantos cães devolvidos por pessoas que querem fazer crer tinham encontrado os bichinhos perdidos na rua, como se alguém não percebesse, pelos cuidados que o cãozinho exibia, que na verdade ele estava sendo dispensado, sem que ninguém se comovesse com o olhinho triste do bichinho outra vez abandonado. Ficamos em silêncio um tempo depois dessa história.

Antes da sobremesa, já estávamos recuperados com o caso de uma velhinha que aceitou o pedido da vizinha muito amiga para que cuidasse do seu cãozinho durante o tempo em que a família ficaria fora num curso de especialização. Três anos depois, a vizinha bateu-lhe à porta. Estava de volta, muito grata pelo cuidado dispensado e de braços estendidos para recolher o seu pet. E foi surpreendida: "De jeito nenhum, me afeiçoei ao Tolstói, ele foi meu parceirinho durante estes três anos e nem sei o que teria sido de mim sem ele". Enquanto falava, ela jura que o cãozinho sacudia a cabeça, afirmativamente.

As vizinhas nunca mais se falaram. Uma achava um absurdo que alguém se adonasse do que era seu, a outra convencida de que o Tolstói não merecia uma dona que batera as asas e demorara três anos para sentir saudade.

Uma tristeza em cada esquina

Com menos de um quinto da população com reserva econômica para ficar em casa, enquanto milhões de empregos eram pulverizados, era previsível que depois de dezoito meses de controvérsias estéreis as nossas esquinas estivessem repletas de comerciantes amadores vendendo bagulhos baratos que penduram nos retrovisores dos nossos carros, na esperança de comover-nos, e voltam correndo antes que o sinal abra, só para constatar que ainda não foi dessa vez.

Mais triste ainda é o batalhão de famélicos que, não tendo nada para oferecer, portam improvisados cartazes de papelão anunciando o desespero pela sobrevivência, na expectativa remota de que a palavra *fome*, multiplicada pelo *número de filhos*, acenda um resíduo de misericórdia. A maioria disfarça a indiferença olhando o celular, enquanto alguns poucos alcançam umas moedas através de uma fresta no vidro, tão pequena que não permita que um gesto de tamanha magnanimidade abra caminho para um assalto.

Num sábado lindo, prenunciando a primavera, o Adilson se instalou numa esquina movimentada, onde a sinaleira de três tempos lhe dava a chance de circular entre os carros com seu passo manco. Seu equipamento comercial se resumia a um caixote que servia de depósito para microbandejas de isopor com morangos mirrados, trazidos sabe-se lá de onde.

Quando o sinal fechou, ele pegou uma amostra em cada mão e se deslocou entre os carros para mais uma tentativa. Tendo deixado a retaguarda aberta, se expôs ao inacreditável: foi assaltado. Duplamente. Ao ver um moleque de posse de uma de suas preciosas bandejas, saiu em corrida desengonçada atrás dele, e um comparsa completou o roubo apanhando o que restava da sua féria e correndo na direção oposta. Quando o sinal abriu, deu tempo de ver que só tinha sobrado o caixote.

Dobrei na esquina, andei uns trinta metros e, desconfortável, estacionei. Voltando para a rua, o encontrei sentado no caixote, segurando o rosto entre as mãos, com os olhos fechados. Arregalou o olho choroso contra o sol quando percebeu que eu falava com ele, porque afinal ele não tinha mais nada para ser levado. Sentei na mureta, e entendendo que eu não tinha o protótipo de assaltante, ele relaxou: "O que foi, seu doutor? Eu sou o Adilson".

Tinha vindo do interior com dois irmãos, que ele se empenhara em convencer de que a vida na cidade grande era mais fácil, e os três tinham conseguido emprego como pedreiro e auxiliar de obras. Com a chegada da pandemia, a construtora fechou depois de dois meses sem trabalho, e os irmãos voltaram para a roça. Quando quis saber por que ele tinha ficado pra trás, foi de uma sinceridade arrasadora: "Por causa do meu pai, que tinha dito que um dia eu ia voltar pra casa, arrependido. Ainda não tô pronto pra essa vergonha".

Os médicos experientes são especialistas em consolar, porque é isso que fazemos todos os dias, a vida toda. Mas que coisa ruim é ficar sem palavras!

Como se eu fosse responsável pela pobreza do mundo, quis saber o quanto ele teria faturado se todo o estoque tivesse sido vendido. A modéstia da ambição me comoveu ainda mais: "Ah, por cima, ia me sobrar uns 34 pilas, mas quebrava meu galho no fim de semana". Arredondei a conta para cima e, antes de sair, pensando que eu só tinha livrado a miséria de dois dias e sentindo a dor antecipada da segunda-feira implacável, ainda ouvi um agradecimento que me liquidou: "Mas não *percisava*, doutor".

Viver nunca é o bastante

Ainda que viver mais não tenha, que se saiba, compromisso com viver melhor, esta é a meta mais pleiteada. Se será bom ou não, a gente verá depois. Alguns muito velhos admitem que não foi uma boa ideia ultrapassar a média, e, na minha experiência, essa queixa está, geralmente, relacionada à irrealização dos projetos da prole. Deixando de lado esse grupo de desencantados, a maioria festeja a perspectiva de envelhecer, muitas vezes sem nenhuma noção das perdas que virão associadas à decrepitude.

A ideia dessa crônica é esquecer os eventuais rabugentos da terceira idade em diante e fixar-nos naqueles que não viveram tanto para se enfastiar e se sentem ameaçados de morte por alguma doença extemporânea. Para esses, cada fatia de vida ampliada, não importa a que custo, é festejada com euforia, e entre os bem-amados o tempo extra reconquistado nunca será suficiente.

Quem trabalha com transplantes convive com essa população selecionada pela reciprocidade do afeto, que encanta e justifica a vida, porque eles têm amor para dar e amor para receber.

No arquivo da Secção de Cirurgia da Academia Nacional de Medicina, está guardada a história de uma mulher de trinta anos de Manaus, operada pelo Fabio Jatene, que representa esse modelo perfeito de vontade de viver, sempre pela mais nobre das causas: o amor dos seus.

Portadora de um tumor extremamente agressivo e situado entre estruturas vitais do tórax, ela expressou ao ser informada da indicação cirúrgica uma confiança absoluta, esse sentimento que coloca o cirurgião no seio da família, com tudo o que ele tenha de recursos técnicos, acrescido do peso da responsabilidade de que todos dependem dele. Quem já viveu essa situação sabe de que peso estou falando.

Antes da primeira cirurgia, ancorada no amor dos pais, o apelo foi que ela precisava muito viver para criar seus filhos pequenos. Nos dezoito anos que se seguiram, vitimada pela tendência desse tumor de recidivar em diferentes órgãos, ela foi operada seis vezes, sempre voltando à vida útil entre os seus amados.

Quando internou para a sexta operação, quase dezoito anos tinham se passado, os filhos haviam crescido, estavam formados, e um neto agora alegrava a família. Às vésperas da operação, o Fábio foi visitá-la. O trio inseparável lá estava. Mais velhos, mais desgastados pelas idas e vindas do destino e da doença. Mas a confiança seguia intacta, apesar dos tempos difíceis.

"Mais uma vez, meu querido doutor", disse ela. "Estou cansada! Foram tantas operações e elas estão se tornando cada vez mais difíceis. Estou com medo de uma hora dessas não resistir."

E aí, disse algo que relembrou o início de tudo e que mostrou que não há limites para a fé e para a esperança de alguém. E o Fabio Jatene, um gigante de coração mole, encheu os olhos para anunciar o último pedido: "Queria apenas um pouco mais de tempo por aqui. Queria muito poder ver meus netos crescerem!".

Nosso jeito de ser

Durante meus anos de formação médica ouvi muitas vezes a recomendação de professores renomados de que devíamos manter uma certa distância afetiva dos pacientes para evitarmos que uma interação mais densa pudesse afetar a neutralidade que seria imprescindível para a isenção na busca do diagnóstico, especialmente das doenças com desfechos ruins.

Logo depois, o convívio temporário com o formalismo cultural americano só fez reforçar estas teorias. A partir daí, com o exercício médico intenso, mergulhado por escolha (e, vá lá, por vocação!) na alta complexidade, em que a proximidade da morte impõe regras de sobrevivência que precisam ser adaptadas ao perfil de cada indivíduo exposto ao enfrentamento de situações extremas, começaram a emergir o que chamo de atualizações de conduta profissional.

A primeira percepção foi de que a atitude rígida recomendada pelos mestres da primeira hora era apenas uma adequação à pobreza afetiva de quem precisava usar o distanciamento como uma forma de manter-se protegido da falta de humanismo que os constrangia. E o ar constante de superioridade era um requinte indispensável na completude do disfarce.

Convivendo com americanos, foi fácil perceber que a impessoalidade das relações humanas, com poucas exceções, era uma característica cultural em que há um recato na exteriorização de qualquer sentimento, alegre, triste, egoísta ou generoso. E que não se pense que não haja nenhuma virtude neste jeito de ser, porque estaríamos ignorando o quanto há de bom caráter na previsibilidade das atitudes, que o julgamento apressado dos latinos não reconhece nos anglo-saxões. Em resumo, somos diferentes, e assumir as diferenças é sermos menos intolerantes com as críticas.

Um dia desses, um clínico da velha guarda, carinhoso e chorão, lamentou o quanto a americanização da nossa juventude médica está sendo acelerada pela tecnologia, que, segundo ele, "com seus braços longos está aumentando ainda mais a distância entre o médico moderno no jeito de ser impessoal e o paciente antiquado no seu jeito de sofrer".

O conflito que se estabelece é que não podemos abrir mão da tecnologia sem fraudarmos a expectativa de quem nasceu nessa época maravilhosa em que a medicina foi agraciada com avanços impensáveis há poucos anos. O que não justifica que um médico ingênuo ou mal-intencionado esteja autorizado a imaginar que a parafernália disponível possa dispensar a figura pessoal do médico. Essa subversão do entendimento tornaria insuportavelmente cruel a experiência de adoecer entre robôs superequipados apenas de inteligência artificial.

Um amigo médico famoso encheu a tela do computador de pura emoção ao relatar numa das sessões do nosso Curso de Medicina da Pessoa a sua experiência de uma primeira consulta, rodeada de medo e fantasia de morte, com um especialista de um grande centro, que na despedida sintetizou em duas palavras o que todo paciente assustado persegue, e um computador de última geração nunca tomaria a iniciativa de oferecer: "Estamos juntos". Uma frase curta, mas com uma dimensão que só consegue avaliar quem precisa que alguém esteja ao alcance da mão. Porque é assim que somos e seremos: aterrorizados, não conseguimos ser mais do que carentes.

Um pai nunca vai embora

A FIGURA DO PAI tem um comportamento cíclico na nossa vida. Partindo da imagem estereotipada do super-herói que ocupou na infância, ele tende a perder força na adolescência, quando pensamos que sabemos tudo, para retomar o significado original, agora sem fantasia, na maturidade, ao descobrirmos o quanto ele já sabia sobre aquilo que demoramos tanto tempo para aprender.

O que nunca muda, e não interessa em que fase da vida estejamos, é o quanto precisamos dele. A história do menino que vamos chamar de Marcelo, contada pelo Octávio Vaz, um cirurgião da Academia Nacional de Medicina que mistura como poucos a habilidade de mãos com a delicadeza de sentimentos, encheu de emoção a tela do zoom quando reafirmou o quanto essa necessidade se perpetua no tempo, e o que somos capazes de fazer para conservar a figura paterna como um escudo confiável.

Com oito aninhos, e órfão pela perda recente do pai, o Marcelo foi operado de um trauma grave resultante de uma queda de grande altura. Submetido a vários procedimentos cirúrgicos, conseguiu sobreviver graças aos cuidados extremados de uma equipe reconhecida no Rio de Janeiro pela excelência. A dedicação da mãe comoveu a todos pela onipresença e permanente senso de gratidão aos médicos, esses que se encantam com a tarefa imensurável de resgatar a vida de uma criança. Quem tem experiência sabe o quanto, diante de um pequenino ameaçado, nos escalamos espontaneamente para assumir a função de pais ou avós adotivos com um único objetivo: salvar o filhote. E como vibramos quando conseguimos, ou nos consumimos quando fracassamos.

Passando os meses, mais de uma vez o Marcelinho, agora crescendo com uma carinha bonita e um sorriso triste, foi admitido para tratar lesões de gravidades variáveis, resultantes de atitudes imprudentes e arriscadas. Foi preciso uma avaliação do serviço de psicologia do hospital para descobrir que por trás daquela sucessão de eventos aparentemente fortuitos, havia a intenção inconsciente de provocar a morte, e quem sabe testar o desejo que preenchia seu coraçãozinho solitário de, finalmente, reencontrar o pai.

Convencido de que era inútil esperar que o pai voltasse, tratou de buscar na fantasia inocente da infância um caminho que o colocasse mais perto daquela figura da qual nos tornamos dependentes ao nascer, e adiante gastamos um tempo para entender que ser pai é tomar posse como guardião incondicional dos medos, das esperanças e dos sonhos das nossas crias, por mais que elas se sintam autônomas e autossuficientes.

A percepção dessa dependência acompanha-nos silenciosamente ao longo da vida, com algumas fisgadas mais agudas de saudade quando, surpreendidos em alguma emboscada existencial, lamentamos a falta daquela voz plena de boa intenção, que adoraríamos conservar no painel como um aplicativo carinhoso a apontar o caminho.

Algumas vezes, passando por encruzilhadas difíceis e ostentando uma autonomia que não combina com o medo que sentimos, fingimos que é mera curiosidade imaginar o que o nosso velho faria naquela situação. E invariavelmente sabemos qual seria a resposta: sempre a coisa certa, e muitas vezes o caminho mais difícil. E, finalmente, nos damos conta de que foi exatamente pela dificuldade da decisão que buscamos ajuda no nosso mais generoso estoque de sabedoria.

Então, com a saudade cumprindo seu papel, sentimos sua presença e confirmamos que ele nunca tinha arredado pé.

Senhores jurados, tenham cuidado

Como toda a crise se encarrega de expor o que temos de melhor e de pior, é impressionante o tamanho da legião de híbridos que reúnem num único exemplar promotor e juiz, desprovidos naturalmente de qualquer resíduo de empatia ou generosidade.

Quem se der ao trabalho de passear pelas redes sociais (um passeio temerário pelo risco de contaminação!) ficará impactado pela incapacidade de dar chance ao contraditório e revelar um mínimo de tolerância. Na formatação de um simpósio sobre liberdade de opinião como critério de diferenciação social, coube-me eleger situações que revelassem o quanto podemos estar enganados com o juízo açodado.

Uma dessas histórias viralizou nas redes sociais, como a mostrar que no mesmo universo há veneno e antídoto. Uma velhinha, na preparação para uma viagem de trem, comprou um pacote de bolachas com recheio de chocolate, daquelas que nunca podia comer em casa sob a vigilância implacável da filha, uma animada voluntária da guerrilha antidiabete. Enquanto esperava o trem, acomodou-se na extremidade de um banco de pedra na plataforma, ocupado na outra ponta por um jovem cabeludo, que cantarolava uma música que chegava pelo fone de ouvido. Apesar do espaço entre eles ser pequeno, não se animou a encará-lo, até que foi despertada pelo som inconfundível de um pacote sendo manipulado. Não acreditou quando percebeu que o cara de pau estava comendo uma das suas bolachas. Depois de uma encarada feroz, enfiou a mão no pacote e apanhou uma bolacha, sem desviar o olho, como a mostrar que estava demarcando seu território. Mais furiosa ficou quando o descarado sorriu. E então iniciou-se o que parecia uma disputa de poderes. A cada bolacha que ele mastigava debochado, ela retribuía em fúria crescente. Até que chegaram à última bolacha, quando ele se excedeu: partiu-a ao meio e ofereceu-lhe a outra metade. Quando finalmente o trem chegou, ela carregou bolsa e fúria até a escada de acesso e sentou-se no primeiro banco disponível. Uma rápida olhada pela janela completou o estoque de ódio, pois o cretino continuava acompanhando com a cabeça o ritmo de sua música estúpida, com o mesmo sorrisinho idiota. Quando o cobrador pediu-lhe a passagem, ela abriu a bolsa e teve um choque: o seu pacote de bolachas estava lá, intacto. O trem já arrancava, não havia tempo para desculpas, e sem olhar para trás agradeceu que a celeridade da locomotiva arrastasse para longe a vergonha do julgamento precipitado.

Em um cenário parecido, num domingo ensolarado do outono de Nova York, o metrô deslizava silencioso, até que os ocupantes daquele vagão tiveram o sossego interrompido pela entrada de um homem com seus quatro filhos, com idade presumida entre sete e onze anos, e com eles uma balbúrdia inesperada. O pai sentou-se ao lado de uma senhora e pareceu cochilar enquanto os moleques infernizavam a vida dos passageiros, correndo, gritando, interrompendo os que queriam ler e despertando os sonolentos. Quando a arruaça chegou ao máximo, a senhora tocou o pai com o cotovelo e descarregou sua irritação: "O senhor não acha que já é hora de educar os seus rebentos? Ninguém os suporta mais!". O pobre homem, despertado pelo comentário agressivo, concordou: "Desculpe, estou sem dormir desde ontem, mas acho que a senhora tem razão. Só lhe peço que seja tolerante com meus meninos porque eles perderam a mãe há duas horas, e nem eu nem eles estamos sabendo como lidar com isso!".

A pressa em julgamento, de qualquer tipo e sobre qualquer atitude, é uma temeridade, com alto risco de injustiça, sempre punida pelo constrangimento do afobado! E provavelmente todos sentiríamos mais vergonha do que desagravo se soubéssemos o que o outro pensava ou sofria quando disse ou fez o que fez ou disse.

Quem garante que você é normal?

Toda pessoa só é normal na média.

Sigmund Freud

Sempre tive um certo encanto pela psiquiatria, e se não tivessem ocorrido uns ruídos da relação pessoal nos estágios precoces do curso médico, talvez hoje eu estivesse lamentando a perda da alegria de transplantar, posto que o cérebro ainda não se transplanta, mesmo sendo o órgão no qual se reconheça um potencial para uma fila gigantesca de candidatos. Mas voltemos ao começo da meada: estávamos no quarto ano, o estágio da psiquiatria nos colocou na unidade Melanie Klein, e quando o professor ordenou que fizéssemos a anamnese de um jovem recém-admitido, Freud deve ter mudado de posição na tumba, porque era claro que não daria certo. Cercado por quatro estranhos, o nosso pacientinho não moveu nenhum dos vinte e tantos músculos da face. Parecia estar a nossa espera e, mais do que isso, que se preparara para o momento, tamanha a naturalidade com que encarou um a um dos incautos visitantes. E então nos descobrimos perdidos, ninguém tinha nos ensinado por onde começar a entrevista com um paciente psiquiátrico, e o "bom dia" sem resposta foi o primeiro sinal de que não era assim que nos tornaríamos confidentes. E então alguém do quarteto teve uma ideia luminosa: "Que tal começarmos pela identificação do paciente, como fazemos com todos?".

Sem ninguém com uma sugestão melhor, saiu: "Como é o seu nome?". A cara de espanto foi inesquecível: "Vocês nem sabem meu nome, mas tá dando no rádio a toda hora?!".

Com a entrevista emperrada, um dos colegas, que o tempo de convívio futuro mostrou ser um grande conciliador, tomou a iniciativa numa trilha que, de tão amistosa, era provável que funcionasse: "Tchê, vou me abrir contigo, nós somos estudantes, o professor é uma fera, se nós voltarmos lá sem nenhuma palavra tua, o grupo todo vai ganhar zero. A gente quer ser teu amigo, então vamos combinar uma coisa: tu dizes teu nome, onde moras, contas por que vieste para cá, e a gente não te incomoda mais, que tal? Topas?". A inspeção sequenciada do grupo recomeçou. O olhar gélido dele batia no olho aflito de cada um dos parceiros como se espiasse através dos nossos cérebros e os descobrisse vazios. Como acontece quando as pessoas consideradas normais não sabem o que fazer. E então fez uma pausa, como se estivesse avaliando se a proposta valia a pena. Uma mudança de posição na cadeira desconfortável só aumentou nossa ansiedade. "Topo... (funcionou, ufa!) ...mas com uma condição: voltem amanhã com um radinho que eu conto tudo pra vocês! Preciso dum rádio para descobrir o que estão falando de mim!" O que nasce difícil não melhora com o passar do tempo.

Anos depois, já como residente, ouvi do meu chefe, que acompanhava à distância um diálogo meu com um paciente meio estranho, a seguinte lição: "Esse papo não vai te levar a lugar nenhum porque estás tentando racionalizar os argumentos de um maluco. Então, aprenda o seguinte: em conversa de louco, tu tens que ser o mais louco, porque se não vais ficar numa desvantagem absurda!".

Recapitulando, assumiria que devemos ser menos rigorosos ao rotular alguém, pois, como cantou Caetano, "de perto ninguém é normal".

Que a ciência nos perdoe

Se a aparência e a essência das coisas coincidissem, a ciência seria desnecessária.

Karl Marx

Tendo sido sacudidos por comportamentos bizarros com tamanha intensidade, era previsível que adotássemos uma atitude reativa, que somasse o espanto do inusitado à imprevisível capacidade de indignação do ser humano, especialmente quando amedrontado.

O que a retrospectiva desses dezoito meses de desvario ressaltará para a posteridade como mais chocante será o sentimento de que alguém, possuído de uma determinada opinião, se considerasse livre para emiti-la com o descompromisso de não precisar sustentá-la, sem medir consequências.

E então, servindo-se da desorientação generalizada e beneficiados pela liberdade de expressão (um direito convenientemente mal definido), pareceu natural que a lata de lixo da internet fosse transformada em reservatório técnico, capaz de abastecer de informações pretensamente confiáveis desde o palpiteiro inofensivo até o radical paranoico e perigoso. E o dano foi maior porque a falta de cultura geral induz a acreditar que tudo o que está escrito em algum lugar deve ter ao menos um fundo de verdade.

Então, inundados de caos, sentimo-nos cercados de absurdos teóricos, ungidos da aparência de verdade absoluta, funcionando como azeite e vinagre para temperar a salada de argumentos ridículos a serviço de pretensões delirantes.

Quando tudo já parecia complicado demais, ainda tivemos que incluir no filtro o viés do interesse econômico, reconhecido como o mais eficiente triturador da imparcialidade.

E então a espiral de loucura extrapolou quando um pessoal com pálido verniz acadêmico se sentiu liberado para emitir pareceres científico. Empolgados com a convocação da mídia e deslumbrados com a identidade reluzindo no rodapé do monitor, foram transformados agudamente em oráculos do conhecimento e soltaram o verbo, confiando, com justiça, que a imensidão de espectadores do outro lado da telinha sabia ainda menos.

A primeira e triste percepção foi de uma formação universitária deficiente a ponto de, na segunda frase, deixar evidente que a curiosidade é importante, mas não suficiente para "ler" um artigo científico. A crise sanitária, com a mortandade andando a galope, soprou as brasas da afoiteza, um dos obstáculos fatais para ciência mais elementar. A principal imposição da pandemia foi submeter a ciência à urgência, sendo essa a antítese da metodologia básica que exige coleta de dados, critérios de elegibilidade, pareamento de grupos, duplo-cego, comparação de resultados, repetição em outro ambiente, espírito científico como sinônimo de isenção, além de um atributo que não se sabia tão raro: honestidade intelectual.

Como explicar a alguém que nunca trilhou esses caminhos que o principal objetivo da ciência é fugir da insegurança da probabilidade e da insensatez da paixão? Se você não tinha noção desses fundamentos, não se puna exageradamente, apenas trate de proteger a sua autoestima e, em nome dela, cale-se. Nem tudo é culpa sua.

Mas nada justifica a sua adesão gratuita a um de dois grupelhos lamentáveis: o dos incautos, que por desinformação se associam ao clube dos inocentes úteis, ou o dos canalhas, que defendem o que não creem por interesses escusos.

Quanta coragem é possível ter?

Somos feitos de carne, mas temos de viver como se fôssemos de ferro.

Sigmund Freud

Reiteradas vezes se disse, e com razão, que quando estamos felizes rimos das mesmas coisas, muitas delas tolas, porque a felicidade é monótona no jeito de se expressar e menos criativa do que a amargura em se expor.

Isso explica, em grande parte, a efervescência criativa e inspiradora do artista durante suas crises existenciais e a inércia assumida na calmaria. Segundo Ariano Suassuna, tudo que é bom de viver é ruim de contar, tudo que é ruim de viver é bom de contar, e que ninguém passaria da terceira página de um romance que descrevesse, dia após dia, a felicidade de um casal perfeito.

Em contrapartida, o sofrimento caótico desperta o que temos de melhor ou pior, e não conseguimos conter o que sentimos porque é na essência o que somos, sem filtros para evitar o ridículo que conseguimos ser ou o virtuoso que adoraríamos aparentar. Mas nesse transe nunca somos iguais, e raramente nos repetimos.

Alguns, os frouxos, se excedem na vileza e choramingam e quase miam no relato de uma dor qualquer, que por ser propriedade deles é, supostamente, única e inexcedível. Outros, os estoicos, se revelam contidos, conscientes da inutilidade da queixa transferida a quem só exercitaria a impotência e do desperdício de autoestima na exposição fútil do nosso quinhão de sofrimento. Na oncologia, como em nenhuma outra especialidade, os dois modelos se expõem, irreprimíveis. Mas também em outras situações terminais a resiliência, ou a falta dela, se revela.

O Ramiro era descendente de espanhóis de Oviedo que emigraram para o Brasil nos anos 50, onde aportou sem custos, trazido no útero da mãe. Grande fumante, só percebeu que era hora de parar quando a reserva bateu em 40%, nessa grande arapuca à espera dos incautos fumantes que nunca percebem a falta de fôlego antes de terem destruído 60% desse órgão, que tem uma reserva maravilhosa.

Vítima de uma doença progressiva, quando baixou de 20% do valor presumido, foi encaminhado para avaliação de transplante, uma indicação reservada à minoria de ex-fumantes que preservam os outros órgãos intactos. Ao iniciar os exames, a primeira recomendação, típica de quem não abre mão do comando: "Quaisquer que sejam os resultados dos exames, a conversa é comigo".

Não sei o quanto havia de premonição naquele pedido, mas se a intenção era proteger a família, a recomendação fez todo o sentido. Chegando aos setenta anos, com doença vascular difusa e disfunção hepática e renal, o transplante estava contraindicado. Ele ouviu silencioso e impassível as razões da negativa e permaneceu por um tempo assim, olhando o vazio, enquanto as más novas eram metabolizadas. Depois, suspirou e retomou o leme.

"Vamos manter essa notícia entre nós. Minha família depende muito de mim, e eu preciso de tempo para prepará-los. Eles sempre só souberam ser felizes, e não faz sentido que comecem a aprender a tristeza justo quando não podem ajudar. Então vamos poupá-los, por enquanto. Quanto a mim, prometo que, se o senhor me ajudar, eu seguro as pontas!"

Talvez não haja maior expressão de coragem do que poupar seus amados do sofrimento extemporâneo e inútil.

Uma praga antiga com nome novo

Um dos assuntos mais debatidos atualmente em rodas de velhos aposentados por tempo de serviço ou de desocupados crônicos por vocação tem até um nome sofisticado: ageísmo.

Não creio que haja evidência mais confiável de infelicidade coletiva do que o crescimento exponencial dos mais variados tipos de discriminação. E isso nasce da tremenda dificuldade que temos de assumir que o outro raramente é responsável pela nossa incapacidade de superar nossas próprias limitações para fazer-nos merecer um futuro mais auspicioso. E então, por preguiça ou incapacidade mental, preferimos ficar jogados na rede da inércia culpando um inimigo que não temos a menor intenção de encarar, porque ao final desse combo a covardia é um componente inarredável.

Nesse mundo competitivo, com empregos subtraídos pela tecnologia, que progressivamente produz mais inteligência artificial contra a qual os cérebros humanos normais são impiedosamente suplantados, a figura do velho passou a ser encarada como inimiga a ser vencida, sob pena de que a sobrevivência seja comprometida.

A atitude diferente quanto à participação do velho no mercado de trabalho é reconhecida como um diferencial de qualificação social, revelando uma distância abismal entre os países mais desenvolvidos, e não por acaso com população de idosos maior, e os subdesenvolvidos que tendem, por falta de cultura, a abominar tudo o que represente ocupação de espaço que consideram destinado aos jovens, que aparentemente supõem que nunca envelhecerão!

O comportamento precavido de muitos veteranos reduz a competição, na medida em que muitos deles se aposentam não apenas do trabalho, mas escancaradamente da vida, e são absorvidos pela nuvem escura da invisibilidade e se deixam levar pela sensação de que não ter compromisso ao levantar deve ser entendido como um prêmio que o conduzirá ao fim do dia com aquela sonolência que garantirá outra noite sem sonhos e um novo despertar para coisa nenhuma.

Felizmente, há uma legião dos anosos sem idade que aprenderam o que podiam, ainda não começaram a esquecer e, tendo saúde e gana de seguir fazendo o que justificou a vida até aqui, não aceitam parar só porque um cronômetro enfarado determina.

Como essa condição de autonomia produtiva, por razões biológicas, não pode ser ilimitada, espera-se apenas que o senso crítico, que também advém da experiência, abasteça o espírito de quem seguiu correndo depois de ultrapassada a linha de chegada. Será um inequívoco sinal de sabedoria identificar o momento crítico em que o desejo de continuar começa a insuflar a tendência de negar o que os outros já perceberam. Talvez a maneira mais digna de se proteger do ridículo do orgulho ultrapassado seja a monitoração da permanência da utilidade, esta que dá um sentido lúdico à vida.

Aqueles jovens que trazem no olhar a certeza do sucesso, plantada lá pelo DNA vencedor, sempre cercam de cuidados os velhinhos produtivos, com a presunção justificada de que eles devem saber mais por mais terem vivido. Enquanto isso, os preconceituosos envelhecerão insignificantes porque negaram que o problema estava neles. O tempo todo.

Os limites do encantamento

Os PROGRESSOS tecnológicos, especialmente os relacionados com imagem, modificaram a relação da população idosa com a medicina, trazendo os impagáveis benefícios do diagnóstico precoce. Então, a descoberta de lesões menores pôde contar com a disponibilidade de tratamentos mais eficientes e menos agressivos. Essa qualificação técnica somada à determinação de check-ups periódicos, principalmente a partir daquela idade em que morrer não tem mais nada de espetacular, tem contribuído de maneira substancial para o aumento da expectativa de vida da população geral com câncer.

No entanto, essa atitude inteligente e racional de prevenção ainda não é unânime, e sofre oposição entre os néscios e negacionistas, esses mesmos que, no século XXI, ainda são contra vacina e se sentem ofendidos se alguém questiona se estarão a favor da peste. Admito que você possa estar sem paciência com esse tipo de texto e deseje parar, afinal esse é um direito seu, mas não sem um aviso: você vai perder uma história muito boa!

A Natália tem mais de oitenta anos, meio gordinha, com uma cara muito fofa e um sorriso espontâneo que quase lhe fecha os olhos. Parecia muito feliz quando anunciou: "Estou encantada de ter conseguido marcar uma consulta com o senhor!". Quando eu ia dizer que não havia nada de especial com o agendamento porque, afinal, é o que eu faço todos os dias, Agnello, o marido, dono de uma bochecha ainda mais vermelha, interrompeu: "Não faça o doutor perder tempo, mulher! Conte logo por que você está aqui!". Ela se mexeu na cadeira e assumiu uma posição mais oblíqua em relação a ele. Uma maneira muito didática de excluí-lo da conversa.

E então contou que sua ginecologista tinha recomendado que ela fizesse uma revisão considerando a história antiga de tabagismo. Por conta disso, entre outros exames, havia a solicitação de uma tomografia de tórax que revelou um tumor de 1,5 centímetros, uma lesão com uma chance altíssima de cura e só encontrável pela busca ativa por ser, obrigatoriamente, assintomática. Comentei, com aquele entusiasmo que encanta os médicos, sempre condicionados às informações otimistas, o quanto ela tivera sorte em descobrir uma lesão tão pequena, que significava uma operação com perda muito pequena de tecido pulmonar, e a certeza de que essa lesão podia ser removida com o uso de vídeo numa operação muito menos agressiva, com o tempo de internação de, no máximo, três dias. E o que a deixou ainda mais sorridente: não precisaria fazer nenhum tratamento no pós-operatório.

Enquanto solicitava os exames adicionais e encaminhava o pedido de internação, me dei conta de que o Agnello continuava em silêncio, não fosse um ruído leve que podia significar um rosnado sutil. E era.

Enquanto a dona Natália organizava o pacote de tomografias, Agnello olhando no vazio, como se eu tivesse saído da sala, acionou um sotaque carregado para liberar sua irritação: "E você pensa que Deus é surdo? Toda vez que lia no jornal qualquer coisa dele, tinha que dizer: 'Imagina a maravilha que é ser cuidado por esse doutor!'. Pois agora tá aí, ele é todo teu!". Não podia ser ciúme. Mas então o que seria?

A primeira hipótese apontava para esse sentimento obscuro que rege a crença primitiva de que quem procura doença acaba adoecendo. Quando já olhava para ela como uma inocente vítima do destino injusto, fui sacudido pelo contraponto: "Houve um dia, não importa há quantas décadas, em que, rendida à paixão, essa péssima conselheira, ela pensou: *Esse é o homem da minha vida. Se eu não puder casar com ele, prefiro morrer*".

E o que mais Deus poderia fazer, sendo generoso como Ele só?

Os amigos políticos

Logo depois que conquistamos o privilégio de sair de casa com a chave no bolso e tudo o que isso significava de liberdade, aprendemos que os maus frequentam todas as rodas com uma naturalidade proporcional ao número de maus que os rodeiam. A periculosidade de um lugar ou bairro, e a polícia sabe bem disso, se estima por esse percentual de malignidade presumida. Mesmo os ambientes mais sacrossantos não estão livres de toda a iniquidade, e a presença de Judas entre os discípulos de Jesus é a prova mais antiga disso.

Por outro lado, a escolha de uma profissão pode ser vista como um indicativo do tipo de personalidade, pois se imagina que um guarda florestal seja mais meigo que um agente de narcóticos, ou que um funcionário da receita federal seja menos tolerante a explicações do que um selecionador de candidatos para um trabalho voluntário. Mas, ainda assim, respeitadas essas vicissitudes e descontadas as implicâncias, vamos encontrar bons e maus em todas as atividades humanas.

Há, inegavelmente, uma tendência crescente de demonizar os políticos, o que não se constitui em nenhuma novidade, porque eles já eram fontes de humor cáustico nas comédias satíricas desde sempre, com Dante, passando por Shakespeare, Cervantes e Molière.

Talvez o que mais afete a confiabilidade nos políticos profissionais é a sensação permanente de que a sobrevida deles no meio que poluem se condiciona à manutenção de vínculos que assegurem estabilidade na janela que a mídia decora semanalmente e que é consultada pelas lideranças para decidir, com isenção de um capo napolitano, quem permanece na vitrine e a quem se pedirá, com ares de generosidade, que solicite umas férias por razões de saúde – em nome, claro, da amizade tão antiga quanto fraterna.

A luta pela sobrevivência, em qualquer função, deve ser entendida como um instinto primário e ser vista como compreensiva, pura e natural como a preservação da vida. Mas quando essa dependência é transferida para a política, antes de ser antiética e indecente, ela é pobre e humilhante. Encha uma sala de celebridades para uma cerimônia qualquer que tenha a regência de um político de ofício e descobrirá o esmero com que o político, travestido de mestre de cerimônias, citará todos os representantes de bancadas, preocupado em garantir igual deferência quando, no futuro, ele estiver na sombra dos holofotes.

Uma prática recorrente inclui o hábito novo de, ao iniciar um novo parágrafo, citar nominalmente algum dos colegas presentes, dando prestígio ao anunciado e deixando o pessoal com a sensação de anônima insignificância.

Claro que pode ser implicância minha, mas recomendaria aos mais jovens que tenham não preconceito, porque isso encolhe o portador, mas um certo cuidado com amigos políticos porque, se um dia, algum interesse pessoal dele se atravessar entre você e outro político, ele sacrificará essa amizade consigo, sem titubear. E sem remorso. Então, admita para si, e em silêncio, que a amizade com o escorpião era desde o princípio uma iniciativa temerária, porque a infidelidade é um traço de caráter que, como tal, não se modifica. Então, quando isso ocorrer, não se queixe, nem aparente surpresa. Não fará bem para a sua autoestima combalida os outros descobrirem que só você ainda não sabia disso.

O que não se apaga

Só CONSEGUIMOS mensurar o tamanho de alguém na nossa vida pela medida da falta que ele nos faz. Esse critério explica a dificuldade que algumas pessoas têm de morrer, enquanto outras são enterradas no subúrbio do esquecimento de onde não há nada que as arranque, e o maior lamento é um suspiro dividido entre o dispensável e o constrangido.

Todos descobrimos, ao longo da vida, os modelos com os quais fomos agraciados para construirmos a memória do inesquecível, sem escaparmos da tristeza desalentada dos encontros que nunca teríamos escolhido. Isto assumido, todos compreenderão a naturalidade com que passamos a borracha nalguns personagens, sempre ricos de neutralidade e passividade, dois sentimentos que definem o distanciamento emocional e a apatia afetiva.

Periodicamente, sinto vontade de reverenciar a memória dos que deixaram um rastro fundo na minha história pessoal, sem que eu tivesse feito algo para merecê-los. Também por isso são considerados bênçãos do destino, seja lá o que destino signifique para cada um.

Fugindo da família, para que a seleção dos inesquecíveis não sofra o viés que os laços sanguíneos impõem, fixemo-nos nos amigos, de qualquer idade, que constituem a galeria dos memoráveis. Nós curtimos falar deles, como se recordar passagens carinhosas pudesse de alguma maneira atenuar a dor da falta que sentimos.

Sentei para escrever sobre isso motivado pela proximidade da data da morte do grande Roberto Correa Chem, um dos ilustres membros da minha galeria. Imbatível parceiro das cirurgias reconstrutivas mais complexas, técnico brilhante e criativo, com um senso de humor ácido e debochado como só conseguem ter os muito inteligentes, plantou ao longo dos seus 66 anos respeito carinhoso, reverência espontânea e naturalmente alguma inveja daqueles que não conseguiam mais do que querer ser como ele.

Almoçávamos juntos até duas vezes por semana, sempre depois das 13h30, quando, segundo uma teoria dele, o ambiente do refeitório ficava mais agradável "porque os chatos têm fome mais cedo!". Sempre disputávamos quem pagaria o almoço, com um revezamento marcado pelo bom humor. Naquela quinta-feira entrei no salão e ele já estava lá. Sentado de costas para a porta, conversando com alguém. Passei no caixa e me antecipei no pagamento daquele dia. No final, ao descobrir o almoço já pago, fez uma reclamação exagerada e prometeu que quando voltasse da viagem que faria no domingo, a próxima conta seria dele. Isto combinado, me despedi apressado.

Quantas coisas mais teriam sido ditas se imaginássemos que aquela seria a última vez? Na segunda-feira, com os amigos chorando abraçados a tragédia da sua morte, entrei no refeitório, mastiguei com a dificuldade de engolir pela dor física da perda, para descobrir, no final, que na quinta-feira da última lembrança, antes de sair, ele deixara pago o meu próximo almoço.

Agora, como a comprovar que as melhores lembranças voam no tempo, já se passaram doze anos desde que Roberto

Chem e suas amadas esposa e filha partiram para uma viagem de sonhos a Paris, e por razões nunca bem explicadas mergulharam quatro mil metros no Atlântico, no fatídico voo 447 da Air France, de onde ele só foi resgatado dois anos e meio depois.

Eduardo, seu filho querido e herdeiro de especialidade e caráter, se emociona ao mostrar as fotos das notas de cem dólares que ele conservava intactas protegidas pelo zíper preso ao cinto.

O corpo, com o peso reduzido à metade do normal por efeito da desidratação salina, só servia para contrastar com o gigantismo da saudade dos que relembram a dor daquele 31 de maio, como se tivesse doído ainda ontem.

Oráculos do cotidiano

Meu encanto pelos velhos é bem antigo – e com um aumento compreensível na medida em que fui me tornando um deles. Começou lá atrás com meu avô materno, cuja morte trouxe um tipo estranho de orfandade, que em nome da sobrevivência afetiva precisou ser tratada progressivamente pela conquista de avós emprestados que, depois de um tempo, como ocorre com filhos adotivos, se tornaram DNA compatíveis. O fascínio pela descoberta de um novo avô é tamanho que não pode ser mantido clandestino. Encontrá-lo é sorte, aproveitá-lo é sabedoria e compartilhá-lo, generosidade.

Como os seres humanos se definem especiais por serem aqueles que adoçam com a idade, há que lhes render graças e acarinhá-los, e andar de papel em punho para que as suas lições de sabedoria não escorram para a cova rasa do esquecimento. Tenho feito isso desde o tempo em que fumar era charmoso e ser comunista dava prestígio:

- Os que não se encantam com a maciez do pé de um recém-nascido não estão preparados para ser avós, e talvez nunca venham a estar.
- Antes de aconselhar um velhinho a seguir religiosamente uma prescrição médica penosa, convença-se de que a vida dele tem utilidade.

- Não se imponha dietas inflexíveis e, uma vez por semana, esqueça as proibições. Lembre-se de que até os condenados à morte têm o direito ao banho de sol.
- Não fale do tempo. Ele não vai mudar. Nem os chatos, que se interessam por ele.
- Nunca comece uma piada sem ter certeza de que lembra do final.
- Jamais sente em sofás macios. Os outros não precisam saber da sua dificuldade para sair deles.
- Assuma que paixão não tem idade, mas não comente isto com quem é viúvo há vinte anos.
- Não fique com cara de pateta ouvindo as últimas. Antecipe-se. Vá atrás delas. Ser porta-voz de uma novidade fez bem para a autoestima.
- Nunca interrompa a caminhada de um amigo para falar da sua saúde: as oscilações da sua pressão arterial não interessam a ninguém.
- Jamais aceite morar com os filhos só porque ficou sozinho. Nenhuma companhia improvisada compensa a perda da autonomia.
- As pessoas mais fortes são as capazes de viver sozinhas.
- Nossos ouvidos foram concebidos para funcionar, em média, 75 anos. Depois disso é mais inteligente usar aparelho do que ficar pedindo que repitam. Depois da terceira repetição as pessoas param de olhar pra você.
- Cuide dos seus joelhos. A marcha insegura é o indício mais precoce de decrepitude.

- Quando um avozinho parecer deprimido, evite assuntos sérios. Conte-lhe uma fofoca, não há melhor energético na velhice.

- Os fascinados pela rapidez da comunicação virtual nunca apertaram uma carta de amor contra o peito enternecido. Então seja tolerante com eles.

- Evite queixas e fale dos seus planos, as pessoas precisam saber que você não desistiu de viver.

- Quando um amigo esporádico lhe contar uma coisa interessante, anote. Ele ficará contente se no próximo encontro você puxar o assunto.

- Não conte problemas seus para quem não possa ajudar a resolvê-los. A ideia de que o simples relato atenuará suas dificuldades é coisa de psiquiatra. Então, só as discuta com o seu.

- Quando um fanático se aproximar, não azede seu dia, chame um Uber.

- Se for jovem, reverencie o idoso lúcido e faça dele o seu oráculo particular. E acredite, quando o Google envelhecer, ele se tornará ainda mais sábio.

Para onde a cabeça nos leva

O DANO emocional dessa peste na população geral ainda não foi completamente dimensionado. Sabemos com certeza documentada que muitas mortes evitáveis ocorreram por medo de procurar recursos médicos ou, por suprema ironia, que morremos muito da doença velha, mas não passamos nem perto da nova.

Por outro lado, a observação da Sociedade Brasileira de Patologia de que houve uma redução de cerca de 50% dos diagnósticos de câncer em 2020 terá desdobramentos a médio prazo porque, disso também se sabe, as fragilidades emocionais não desaceleram os cânceres.

O distanciamento social, indispensável para diminuir a circulação do vírus, também revelou seu efeito colateral nocivo ao dificultar a interação carinhosa entre os amados. A frustração e o tédio pelo confinamento, a interrupção da rotina, a alteração das atividades habituais de trabalho, a constância das notícias trágicas e a perda da liberdade de ir e vir tiveram, e continuam tendo, consequências funestas e estressantes na condição anímica da população.

Como os seres humanos são diferentes, nada se apressa mais em distingui-los do que a doença. E essa diversidade é ocasionalmente flagrada pelo relato de casos bizarros e, muito frequentemente, observada pelos médicos intensivistas, que convivem, por exemplo, com o drama da necessidade de intubação, já identificada pela população leiga como uma declarada ameaça de morte.

O Carlos Fernando vivia sozinho desde que se separou, há 23 anos, tendo deixado três filhos adolescentes, assumindo com uma naturalidade que chocava os amigos de que havia entre eles uma relação de nulidade afetiva bilateral.

Com sintomas da Covid-19, procurou uma UPA, onde o diagnóstico foi confirmado. Comunicou ao trabalho que ia tirar uns dias de folga e aproveitaria para visitar uns parentes no interior, e se refugiou num lar vazio de tudo. Depois de dezesseis dias exilado, mandou uma mensagem ao único irmão, que morava em Santa Catarina, dizendo que precisava muito conversar com ele, alarmando-o com a instrução de que a chave da porta lateral estava embaixo do vaso no segundo degrau. Quando o irmão chegou, no fim daquela tarde, ele já não estava. Segundo o legista a morte ocorrera havia menos de duas horas. Todos ficaram aliviados que, nessas circunstâncias, as cerimônias fúnebres estão proibidas.

No outro extremo, cheia de afeto e susto, chegou Mariângela, com sua bochecha roliça que a máscara mal continha. Igualmente contaminada, foi trazida ao hospital com falta de ar para uso imediato de oxigênio. Depois de uma melhora inicial, que chegou a acalmar a aflição do único filho, a reação inflamatória recrudesceu, e depois de um dia de tentativas frustradas de medidas menos invasivas, ficou evidente que estava em fadiga muscular e a intubação era indispensável. Seu médico, um intensivista dedicado e sensível, se apressou em comunicar-lhe, e quis saber se ela mesma preferia dar a notícia ao filho.

Quando ela disse que sim, alcançaram-lhe um celular. Médicos, enfermeiros, técnicos e fisioterapeutas colecionaram, neste ano de pandemia, muitas histórias emocionantes. Mariângela, com uma calma incomum, tratou de tranquilizar o filho, animando-o que ela ia ficar bem, e que ele se cuidasse. Encerradas as declarações de amor, o celular foi devolvido. Um minuto depois, enquanto o material de intubação era preparado, um pedido surpreendente: "Eu preciso outra vez do seu fone, doutor, porque faltou dizer uma coisa importante ao meu filho!". Cercado de enorme expectativa do grupo assistente, o celular foi entregue: "Meu filho, uma coisa que esqueci: retire toda a roupa do varal, dobre e guarde no armário. Quando sair daqui, eu passo!".

Como se aprendeu nesses tempos medonhos, o amor, infelizmente, não imuniza, mas o desamor é sempre mortal. Naquele pedido corriqueiro, começava o diferencial de esperança dos que têm amor pra dar e amor pra receber, os quais, por insondáveis caminhos, vislumbram a inabalável certeza de que vão sobreviver, mesmo que todo imenso estoque de afeto esteja camuflado na simples promessa de uma roupa por passar.

Onde estamos errando?

A FACULDADE de Medicina da Universidade Federal do Rio de Janeiro, criada em 1808 pelo príncipe regente Dom João VI, é a segunda mais antiga das faculdades de Medicina do Brasil e tem uma histórica preocupação com a qualidade da formação profissional no nosso país. O simpósio sobre educação médica girava em torno de uma pergunta central que todos tínhamos que, de alguma maneira, responder: "O que estamos errando na formação médica?".

O tipo de pergunta que desconcerta porque naturalmente somos mais afeitos ao sucesso, qualquer que seja a tarefa. Mas, sem espaço para choramingar, havia que elencar as causas de um desempenho em que, a julgar pelo produto final, estamos fracassando. Certamente de um tema tão multifacetado e complexo não se pode esperar uma resposta única e abrangente.

É certo que professores, alunos e circunstâncias mudaram com uma velocidade estonteante, capaz de triturar os conceitos mais enraizados e pretensamente definitivos neste mundo líquido, de transformações permanentes, em que a única certeza é que não sabemos como o amanhã será. E, claro, é sempre mais difícil assumir o quanto erramos por imprevidência, inércia, boa-fé ou comodismo.

Vendo retrospectivamente, foi uma ingenuidade imaginar que seria previsível o resultado da obra pronta, ignorando-se os indícios de que a qualidade da matéria-prima fosse duvidosa. Impossível não evocar a parábola de Galeano, na qual um escultor famoso recebeu uma grande pedra e um pedido da prefeitura para produzir, com seu talento, um grande cavalo para colocar na praça central da cidade. Subido numa escada, pôs-se a trabalhar a golpes de martelo e cinzel sob os olhares curiosos dos meninos do bairro. Dias depois começaram as férias, e as crianças foram para as montanhas ou litoral. Dois meses mais tarde, quando voltaram, um lindo corcel ocupava o ateliê do artista, e um dos meninos, com os olhos muito arregalados, perguntou: "Como é que você sabia que dentro daquela pedra havia um cavalo?".

Os tempos mudaram, as prioridades inverteram-se, a instantaneidade da informação induziu à ideia equivocada de que pressa é virtude, que o açodamento é sinônimo de inteligência, que a prudência é indício de insegurança e que o número de seguidores é prioritário no currículo de qualquer candidato, para qualquer função. A imaturidade decorrente passou a se manifestar na incapacidade cognitiva de redigir um texto que exprima emoção e, muito fortemente, na fugacidade das relações amorosas, como se amor e ciúme tivessem, por súbito desencanto, se tornado sentimentos obsoletos.

Na verdade, estávamos a caminho de descobrir que a falta de pertencimento afetivo é a mais aguda expressão de pobreza emocional, congênita ou adquirida pelo exercício da impessoalidade. Com evidente repercussão na formação profissional, a hierarquia acadêmica começou a ser questionada, os *influencers* sentiram-se tratados como gurus e ninguém se espantou diante da espantosa rotatividade desses virtuosos palpiteiros.

A inteligência emocional, reconhecida como indispensável para quem pretenda interagir com pessoas necessitadas de ajuda, passou a ser desprezada, ignorando-se que as diferenças individuais dos aprendizes exigem que cabeças sensíveis e experientes sirvam de modelo a quem se lança na difícil tarefa de cuidar de seres humanos, equiparados na ânsia pela felicidade, mas completamente diferentes nos atributos para alcançá-la.

Nós, professores, continuamos a receber pedras brutas de diferentes tamanhos, mas agora sem nenhuma certeza do que tenha dentro.

A fronteira dos direitos individuais

Final de plantão, todo mundo exausto, metade pelo trabalho, outra metade pela tensão, que tinha dado uma trégua e agora estava de volta, inteira. Então, mais uma vez tocou o alarme do box 17. Nova correria, para outra vez massagear um coração que, por falta de oxigenação, já desistira. Foram 95 minutos de sons alternados, da massagem, da insuflação manual do balão e de monitores alertando que a esperança racional já tinha saído pela janela. Como a menina só tinha 22 anos, o esforço continuou por mais um tempo que ninguém se animou em cronometrar. Até que alguém tomou a dianteira: "Pessoal, não tem mais sentido".

Todo mundo parou de fazer o que fazia, mas ninguém saiu do lugar. Até o ruído da retirada das luvas era parcimonioso, para que a mãe, do outro lado da parede, não percebesse que tínhamos perdido. O desconforto dessa perda, que os intensivistas conhecem como ninguém, fica reverberando, desgruda do jaleco mas sobe no ombro e embarca no carro no caminho de casa, arranha o esôfago na hora do jantar e enche de pedras o travesseiro.

O choro da mãe, consumida por noites insones e orações fúteis, ainda se juntava ao desespero inculposo de não ter conseguido dobrar o discurso negacionista da filha, vítima incauta de uma patrulha ideológica de uns tipos que nem sabem para que a ciência serve, mas são contra, e dos que escolhem estupidamente a doença porque desconfiam dessa história de vacina.

Na manhã seguinte, durante uma sessão do café, alguém levantou a questão que todo pai escolheria nunca ter que responder: "O que fariam se um filho amado de vocês, transbordando de argumentos persecutórios, extraídos a golpes de idiotice de teorias da conspiração, essas que enchem a lata do lixo da internet, anunciasse que não se vacinaria por nada deste mundo?".

Houve uma troca não programada de olhares, quando o mais velho, e por todas as razões o menos tolerante com a estupidez humana, radicalizou: "Depois da surra?". Todos fizeram uma parada respiratória, mas ninguém protestou.

Os civilizados que rodeavam aquela mesa são pais amorosos, de afeto genuíno, e defensores dos direitos individuais. Mas estavam cansados pela sobrecarga de casos graves, e mais ainda pela sucessão de perdas que foi minando a autoestima de quem foi treinado a lutar pela vida e agora assistia inerte à banalização da morte. A consciência de que muitas daquelas mortes poderiam ter sido evitadas pela vacina tinha esgotado a paciência.

Passados alguns meses com redução gradual de casos novos e de óbitos, a chegada da cepa nova foi vista com alguma serenidade pelos infectologistas por ser menos letal, apesar de rapidamente disseminante, e porque esta combinação, historicamente, antecede o fim das pandemias. E então, de repente, o alto percentual de ocupação das UTIs voltou à mídia, dessa vez, por iniciativa de pessoas que tinham se negado à vacina e optado pela doença, tudo em nome do livre-arbítrio, claro.

Os médicos, porque só sabem fazer isso, retomaram a batalha insana para salvá-los, mesmo sabendo que com um tubo na traqueia o "muito obrigado, doutor" ia ter que aguardar uma eventual sobrevivência. E sem nenhuma expectativa de mudar a cabeça dos radicais, embotados demais para cederem à única explicação possível para 90% dos casos mais graves estarem entre os 30% dos brasileiros ainda não vacinados.

A curta história de uma herança

A MORTE extemporânea de Moacyr Scliar, em fevereiro de 2011, quebrou uma sequência de crônicas que alimentaram o caderno Vida por mais de duas décadas com erudição, perspicácia, brilhantismo, sensibilidade e polivalência. Substituí-lo era impossível, mas havia que preencher, de algum jeito, o inominável vazio. E então, durante meses, ocupamos o lugar em revezamento com mais três colegas. No final de novembro de 2011, fui convidado a assumir a vaga, interrompendo o rodízio. Habituado a escrever esporadicamente quando movido por algum sentimento, em geral indignação, fiquei muito assustado com a ideia de cumprir agenda, e até argumentei que achava mais prudente um período de testes e sugeri seis meses, o que não foi aceito (que pena, dirão meus inevitáveis desafetos!).

Serei sempre grato à insistência do Nilson Souza e do Marcelo Rech, e aos inesquecíveis Maurício Sirotsky, Eunice Jacques e Paulo Sant'Anna, incentivadores da primeira hora.

Quatrocentos e sessenta crônicas depois e oito anos e dez meses mais velho, chegamos aqui, para comemorar a 1500ª edição do caderno Vida com a convicção gratificante de termos tentado contribuir, com as nossas limitações, para uma mídia informativa, educadora e consciente. Essa percepção seria pretexto para uma comemoração completa se não fosse o sentimento irremovível de que poderíamos ter sido mais. Que a consciência plena disso nos absolva.

Aquele desafio, aceito em um momento de maturidade profissional, alcançou-me com quase quarenta anos de atividade médica intensa em alta complexidade, e esse tempo de exposição à vida na sua forma mais crua e, por consequência, mais comovente, forneceu os subsídios e histórias que deram a ela justificativa e transcendência. Olhando retrospectivamente, a intenção inicial de tentar emprestar à medicina o humanismo que a tecnologia apressada e presunçosa surrupiara rendeu muitos frutos, e mesmo que alguns a tenham julgado fútil, deixou cair sementes que no futuro vingarão.

O compromisso da crônica semanal certamente contribuiu para que me tornasse uma pessoa mais atenta, mais afeita a ouvir e, pelo cultivo da empatia, menos disposta a julgar.

Especialmente o convívio diário com os pacientes transplantados ou candidatos ao transplante e os portadores de câncer em seus diferentes estágios permitiu acesso a vulnerabilidades que os leigos sadios desconhecem, e que de alguma maneira se sentiram tocados ao vê-las relatadas.

O retorno constante que recebi através de dezenas de mensagens semanais serviu de estímulo a compartilhar as lições de coragem, covardia, tristeza, euforia, esperança e resignação que temperam o cotidiano de quem chegou ao limite do desespero em busca da sobrevivência. E tudo isso com o cuidado extremo de preservar a identidade dos personagens.

Com o interesse pela vida assegurado pela imprevisibilidade do futuro, é sempre prudente renovar a gratidão aos amigos que, espontaneamente, se apresentaram para o elogio estimulante ou para a crítica construtiva. O apoio de vocês serviu de lenitivo que sublimou a revolta dos que não admitem ser contrariados e anunciam repúdio, mas vá lá saber por que continuaram a ler-nos. A interação com os leitores abriu a porta para o afeto e, algumas vezes, para o protesto, quando o desfecho do relato não era o esperado. Mas a história nunca poderia ser modificada, porque a vida tem dessas manias de ser como é, e é sempre intolerante com as propostas dos que opinam como gostariam que ela fosse.

Mas, enfim, como anunciou Hannah Arendt: "Toda dor pode ser suportada se sobre ela puder ser contada uma história". Então, sigamos de coração exposto às histórias tais como virão, porque na vida real não há oásis na travessia do deserto. Tomara que, mesmo assim, conservemos intacta a esperança.

Chega de saudade

Fui visitar o velho amigo que andava queixoso porque, segundo ele, não nos víamos havia muito tempo. Argumentei: "Como não, se participamos de cinco *lives* no último mês?". O olhar pareceu ainda mais triste quando respondeu: "Eu não vejo a quem não possa tocar!". A interação virtual atenua, mas não elimina a saudade, que só se aplaca quando mantemos o ser querido apertado contra o peito, sem pressa de descolar.

Esse longo tempo em que a imagem do monitor tem sido a única forma de "contato humano" tem produzido uma subversão das nossas relações pessoais, com percepções diferentes. As pessoas menos afetivas se contentam com essa artificialidade, que se completa com a chatice do insosso "abração virtual", como se o toque, o cheiro e o gosto não fossem sentidos indispensáveis na relação entre seres amorosos.

Depois daquela introdução pareceu natural que ficássemos de mãos dadas durante um tempo, e quando esse gesto de carinho genuíno foi interrompido para segurar a xícara do cafezinho, ele tratou de bebê-lo rapidamente, e a palma carente já estava de volta, porque a mãozinha eletrônica das plataformas é um recurso inanimado que ninguém conceberia que pudesse ser usado numa carícia elementar como um cafuné (ainda lembram o quanto era bom?).

Essa nova forma de contatar tem sido assumida com certa naturalidade pelos mais jovens, porque nessa idade são mais adaptáveis às circunstâncias ou porque, ao contrário dos velhinhos, nem viveram o suficiente para dar valor ao abraço, como fazem aqueles que ao longo da vida já abraçaram muito e descobriram que essa é a principal razão para termos sido concebidos com esses apêndices longos, sempre prontos a formarem uma concha.

Uma amiga querida me confessou que não sabe o que seria da vida dela sem o Skype, que lhe permite conversar com a filha e ver a netinha crescer nesses dois anos em que elas estão na Austrália. Fez a seguir uma descrição impressionante do efeito da saudade, gerando sintomas orgânicos que se acentuam durante a tarde, à espera do único momento solene de um dia inteiro.

Quando se aproxima o horário da chamada obrigatória, ela tem que se conter para parecer feliz e manter a filha animada com seu investimento profissional. Faz parte da introdução uma brincadeira em que ela "oferece um copo de suco" para a netinha, que sorri para o deslumbramento da vó. E então a confissão que me comoveu: "O que nenhuma das duas desconfia é que aquele suco gelado me ajuda a engolir a dor seca da ausência delas!".

Então resolvi descontrair: "Mas eu imagino que esse contato, ainda que virtual, deva atenuar a tal pressão no peito que parece ser uma exclusividade dos avós!".

O sorriso bonito continuava triste quando ela completou: "Claro que ajuda, porque eu vou me deitar em seguida, e a carinha sorridente da minha neta, se preparando para ir para a escola, alivia a minha dor na garganta e me afrouxa o choro!".

Devíamos inventar uma vacina para a saudade, que ao menos minimizasse os para-efeitos. Porque a internet, ficou claro, é placebo.

Cumplicidade fraterna

Mesmo que essa impressão possa estar contaminada por algum ranço saudosista, acho que as festas de fim de ano ficaram muito chatas, porque foram diminuindo o calor do aconchego, dissipado por esse furor mercantilista que tenta compensar o afeto negligenciado por um bem material, como se houvesse uma moeda de troca na negociação espúria que pretenda substituir o carinho fraudado. Este que não se reembolsa com nenhum Pix do mundo.

No fundo, o que essas datas fazem com a nossa velhice é hierarquizar o afeto que distribuímos sem pretensão assumida de ressarcimento, mas com uma expectativa meio ingênua, muito inocente, de que não nos esqueçam, sendo bom como é ser lembrado. Não pretendo polemizar o quanto é justa essa escala de distribuição de mimos que privilegia as crianças, que têm pais e avós a reverenciá-los; que conforta os adultos, que presenteiam os filhos e são presenteados pelos pais; e isolam os velhos, que têm que se contentar com o prazer unilateral de agraciar, buscando alguma sobra de felicidade que possa ter respingado do ato de ser generoso.

Penso que esse sentimento explica em grande medida a saudade do tempo em que estivemos no pelotão do meio, quando acima de nós estavam os pais, esses amados, que já não estão. Se não for assim, como explicar a falta que sentimos deles, e essa aguda necessidade de recontar histórias que vivemos juntos, em um tempo que dói só de lembrar? Ou é pura coincidência que essas festas deixem um rastro de nostalgia nos velhinhos, que mesmo se sentindo menos importantes do que já foram precisam estar atentos para não contagiar de inconcebível tristeza a quem só sabe estar feliz?

Mas, como sempre, a sabedoria do bem viver se apressa em oferecer algum ganho que ao menos atenue a sensação de perda, que induz alguns avós queixosos a repetirem que "no meu tempo a vida era muito melhor", sem se darem conta de que, com essa declaração, além de chatearem os outros, eles estão se dando por acabados. Claro que não cabe a pretensão de ensinar a alguém o melhor jeito de envelhecer, porque essa tarefa, como poucas, tem o lacre da individualidade.

Como um aprendiz autônomo, estou convencido de que estes tempos servem, como nenhum outro, para aproximar os irmãos, unidos pelas mesmas referências afetivas e habituados tanto a comemorações presenciais barulhentas, quanto a distâncias silenciosas, mas cheias de saudade. Esse sentimento que dá, a algumas pessoas, a milagrosa sensação de estarem juntas, mesmo não estando.

Era tarde da noite quando o Décio mandou um WhatsApp contando uma experiência recente: "Dia desses, meu irmão, fui visitar nosso Pai e a sua Xuxa, achei eles muito quietos e fui embora pensando: é muito chato morrer!". Demorei pra dormir, querendo ter estado ao lado dele e repartir, solidário, a cumplicidade daquele silêncio.

De novo e sempre, a esperança

O CONDICIONAMENTO humano à prática da esperança é surpreendente na saúde e comovente na doença. A nossa relação com a esperança na vida cotidiana é muitas vezes ilógica e envolve escolhas absurdas, resultando em frustrações que quem olhasse à distância consideraria previsíveis. É assim na vida sem propósito definido, nos empreendimentos que exigem determinação e coragem indisponíveis, nas relações pessoais com afeto comedido e nas promessas sem convicção.

E tudo se repete nas expectativas irracionais de que os toscos, quem sabe comovidos pela dor dos outros, mostrem alguma empatia, que os jovens um dia se convençam de que os velhos sabem mais por mais terem vivido, que os corruptos com currículo riquíssimo tenham um surto inesperado de decência, e até que ex-atletas com históricos brilhantes sejam milagrosamente ressuscitados para salvar nosso time e justificar o esforço de quem os contratou a peso de ouro.

Quando o exercício da frustração se generaliza, minando a alegria que tem geração espontânea na esperança de que tudo vai melhorar, de repente, nos descobrimos tristes, e de tanto não dar certo, nos deprimimos. E não é nada surpreendente que essa letargia se transforme na doença inominada que enruga a pele, retira o brilho do olho, diminui a libido, produz dores itinerantes, coloca cabelos onde não têm utilidade, encurva a coluna e aumenta o perímetro abdominal.

O quanto esse estado de espírito é classificável como doença depende dos critérios e exigências de quem os acolhe, e com que tolerância. A maioria das pessoas pachorrentas na mesmice agradeceria se as pessoas simplesmente não se importassem tanto com elas, ou seja, que parassem de chatear.

Um degrau acima, nesse conflito entre o que nos enfara, sem ameaçar-nos de verdade, e a descoberta súbita e sempre sentida como extemporânea de uma peste qualquer que possa pôr um fim à nossa vida, muda tudo. Porque, afinal, mesmo que o portador tenha noção do quanto a sua vidinha é monótona e chata, outra não lhe restou, por falta de sorte ou preguiça.

Também por isso, quando uma doença grave dá as caras, fé, promessa, e esperança se misturam tanto que até a espera de um milagre parece bem razoável. Ou, como me disse um ranzinza: "Claro que acredito em milagre, porque se não como explicar tanto santo por aí, se precisam de dois ou três milagres para canonizar o vivente?".

A Marina tem um tumor enorme entre os pulmões, inoperável, a menos que tenha uma resposta incomum à combinação de quimio e radioterapia. Com o início do tratamento e aparente redução da lesão, o discurso adensou: "Minha relação com Deus ainda vai produzir surpresas maravilhosas. Pode crer".

Que Deus nos ajude para que a certeza esperançosa que Ele plantou se confirme.

Em frente, com olho no retrovisor

Os votos emocionados, os desejos ardentes e até os fogos de colorido exagerado anunciam que seguimos com esperança que as coisas melhorem, mesmo com tantas evidências apontando o contrário. O que devia ser uma simples troca de calendário, com o ritual de abraços como estímulo ao clarear do dia seguinte, quase nunca é tão simples.

Alguma força maior nos empurra para a retrospecção e, quando percebemos, estamos revirando gavetas, catando memórias dadas como mortas, recuperando, com remorso, músicas memoráveis que por uma estranha razão esquecemos de incluir no Spotify, ou relendo cartões que lá atrás, quando os recebemos, alguma coisa muito errada devia estar ocorrendo conosco, se não como explicar que tivéssemos esquecido o que significaram?

Quase sempre, essas retrospectivas deixam uma mistura de vazio, saudade e pena de não termos dado a alguns momentos a solenidade que mereciam. Hoje, com os olhos da maturidade, vejo com nitidez o que não passaram de vultos na pressa vazia da juventude, quando éramos muita vontade de ir e uma vaga noção de onde queríamos chegar.

Desde que li, pela primeira vez, o quanto a nossa memória tende a sepultar as coisas ruins e a glamorizar as boas, decidi por uma rotina que adoto desde então: no final de cada ano, faço um resumo factual do que realizei, e uma projeção, tão realista quanto possível, do que planejo fazer adiante. Os argumentos para essa prática são a inconfiabilidade da memória e necessidade de avaliar o quanto tenho sido timidamente modesto ou ridiculamente pretensioso nas minhas estimativas futuras.

O inventário anual inclui três colunas: as maiores conquistas (sempre tão poucas), os maiores fracassos (que foram o que tinham que ser) e as metas para o ano seguinte. A leitura desses textos, anos depois, tem sido tão mais surpreendente quanto maior o intervalo entre a redação original e a revisita. Há que reconhecer essa estratégia como um plágio assumido do que já faziam os gestores modernos que trabalham com metas na busca obstinada pela sustentabilidade das empresas e, claro, da manutenção dos seus preciosos empregos.

A tarefa inicialmente despretensiosa de transferir esse modelo empresarial para a vida pessoal tem, na minha opinião, funcionado como uma espécie de "conhece-te a ti mesmo", tão valorizado por Sócrates, ou Heráclito ou Platão, ou os três, como "o fundamento de toda a filosofia".

As visitas a esse relicário do tempo trazem descobertas desconcertantes, porque ora nos vemos agradecendo ao fracasso do projeto fantasioso que nos recolocou nos trilhos, ora saudamos a ventura de não termos convencido ninguém da nossa proposta maluca. Nesse inventário, nada se compara à maravilhosa sensação de termos confiado nas pessoas certas.

E, além disso, de vez em quando, bem de vez em quando, em prol da autoestima, é bom admitirmos, sem espalhafatos, que termos prosseguido com aquele projeto considerado delirante, não importa com quanto suor derramado, ajudou, ao menos, a pôr alguma lenha no inferno dos invejosos.

Filhos para todos os gostos

Com a rapidez com que os tempos mudam nessa marcha acelerada da modernidade, um dos maiores desafios que a vida pode nos oferecer é como preparar os filhos para enfrentá-la. Na falta de tempo para elaborar o melhor modelo, acabamos, por comodidade, fixando-nos no jeito com que fomos educados, que se não foi perfeito, trouxe-nos até aqui e, convenhamos, não foi tão ruim assim. Acontece que o tempo em que fomos educados não existe mais. Por mais que sejamos conservadores, perceberemos, na mais completa isenção, que poderíamos, sim, ter sido melhores.

Mas é inevitável que essa análise retrospectiva leve em conta qual era mesmo o projeto que tínhamos, e que, bem ou mal, serviu de referência na construção dos alicerces da prole, rastro que deixaremos como herança. Os modelos extremados, e em muitos quesitos, opostos, remontam à polarização, que tem mantido as ideologias em confronto acirrado.

Em resumo, se optarmos pelo modelo capitalista, teremos que educar os filhos para a competição, porque esta é a característica de quem acredita que as melhores oportunidades têm que ser construídas com preparação, gana e persistência. Eles têm que estar eticamente condicionados para a controvérsia, porque uma das características desse tipo é a pretensão de decidir por conta própria, e sustentar a opinião. Oferecer os atributos que fazem da independência uma aspiração natural, mesmo que doa a separação física, é uma das durezas inevitáveis para esse pai que considera liberdade e autonomia bens inegociáveis na busca elementar de felicidade.

Se a opção for pelo regime socialista, com o Estado como gerente de um modelo que tolera impulsos moderados e não descarta as vocações imprecisas, devemos treiná-los na luta pela equiparação de oportunidades, a partir de uma formação mais contestadora, com afiado discurso de protesto. Faz parte do pacote uma busca menos apressada de alocação profissional, naturalmente menos disputada, que lhe garanta uma remuneração fixa e, muito importante, estabilidade no emprego, uma dádiva divina inexistente na iniciativa privada, sempre escravizada por gestores cruéis e materialistas. Como um bom socialista, menos preocupado com deveres absurdos, ele terá tempo de investigar os seus direitos e descobrir que sempre tem alguém tentando surrupiá-los.

Definido o modelo a ser utilizado na construção do futuro, não haverá surpresas com o resultado final. O do modelo socialista, se estimulado à formação superior, optará por uma faculdade pouco exigente e, por conta disso, com uma remota possibilidade de emprego, que engordará a legião de jovens com diploma na parede e mesada do pai. Depois de um tempo, exasperante para a família, surge uma nova luz: o concurso público. Ali ele envelhecerá, sem tensões que o tornarão um baixo risco para infarto, apesar do colesterol alto e do sobrepeso, inerentes à apatia e ao sedentarismo. A aversão a compromissos explica, em grande medida, a baixa tendencia à procriação e suas enervantes responsabilidades.

O filho da visão capitalista dá muito mais trabalho, porque precisamos convencê-lo de que não há conquista sem risco, que sentir medo é normal, mas não ajuda que os outros percebam, que nós somos só o que fazemos, que temos que estar disponíveis o tempo todo, e que, ainda que não consigamos ser o melhor no que façamos, temos a obrigação moral de tentar ser, e que não há justificativas para desistir.

Se compararmos a construção da felicidade desse filho como a de uma locomotiva, cabe-nos acrescentar os vagões de qualificação à sua vida e protegê-lo à distância, assegurando-lhe, como no clipe que viralizou na web que, enquanto vivermos, estaremos no último vagão. Como uma reserva técnica.

Mortes não contabilizadas

A ANGÚSTIA de quem está esperando é inevitável. Qualquer que seja a razão da espera. O quanto teremos que esperar gera mais ansiedade do que irritação, mas esta acaba se impondo, quando o esperando se desespera. Se isso é rotina nas atividades cotidianas, onde com frequência temos a nossa tolerância desafiada e protestamos com veemência sempre que achamos que a protelação decorre de desconsideração (logo conosco que somos pessoas tão importantes!!), imagine-se o sentimento desesperador de quem, completamente fragilizado pela doença, porque dependente de ajuda para as atividades mais elementares, se encontra numa lista de espera para um transplante de órgãos, essa condição de vulnerabilidade máxima, porque está em jogo nada menos que a vida do desafiado.

Em um país que ainda não tem a cultura da doação de órgãos, a espera por um transplante ainda tem agravante: não há como prever que tempo será, porque não há ritmo nas doações, condicionadas a estímulos externos, em geral midiáticos, para que as doações ocorram ou mínguem.

Seguindo o aforismo de que quando está ruim sempre é possível piorar, de repente, um chinês distraído esqueceu de cozinhar o morcego e incendiou o mundo com uma pandemia sem antecedentes na civilização contemporânea.

A ameaça desconhecida, subvalorizada no início porque se supôs que se comportaria como as outras infecções por coronavírus, assumiu enormes proporções, disseminando-se pelos cinco continentes, democratizando o pânico, banalizando a morte e introduzindo um elemento desconhecido para quem sobreviveu ao século XX: o sofrimento coletivo.

Com forte participação da mídia, promovendo a contagem constante das vítimas e mostrando vídeos de covas rasas para mortos que nem tiveram a chance de serem pranteados por suas famílias, a atividade médica perdeu o foco de todas as outras doenças que não tivessem no nome o número dezenove.

Instruções equivocadas do Ministério da Saúde recomendavam que diante de sintomas de infecção respiratória devia-se evitar o hospital porque lá, em emergências lotadas, haveria sim o risco de adquirirem a doença. Desse disparate, resultaram duas consequências danosas:

- os pacientes crônicos passaram a morrer em casa de doenças curáveis, por temor de ir ao hospital; ou seja, por medo de adquirir a doença nova, centenas de pessoas morreram da doença velha.

- doenças prevalentes, como câncer, por exemplo, tiveram seus diagnósticos negligenciados, resultando sem dúvida em mortes por enfermidades originalmente curáveis se o diagnóstico tivesse sido feito precocemente.

Nesse contexto, e com as Unidades de Terapia Intensiva destinadas quase inclusivamente ao tratamento da pandemia, as doações caíram drasticamente, levando-nos a uma condição nunca observada em 31 anos de implantação do Programa de Transplante Pulmonar no nosso país: pela primeira vez tivemos menos pacientes transplantados do que mortos na lista de espera.

A cumplicidade entre os candidatos ao transplante, estimulada pelo convívio diário na fisioterapia com o desenvolvimento espontâneo de solidariedade e empatia entre eles, exerceu então um efeito devastador. Cada morte na lista de espera se multiplicava no grupo como um rastro de desesperança, expresso claramente pelo desinteresse em fazer, durante muitos dias, qualquer tipo de exercício.

Muitas vezes fomos pressionados por pacientes procedentes de outros estados brasileiros com dilemas terríveis. Um deles me perguntou diretamente: "Doutor, sinceramente, o senhor acha que tenho mesmo chance de ser transplantado? Senão, eu prefiro ir embora e morrer perto dos meus. Faça alguma coisa por mim, doutor. Me ajude, morro de medo de morrer sozinho!".

Deprime saber que esses dramas e muitas dessas mortes poderiam ser evitados. Só nos resta esperar que as vacinas nos devolvam a vida normal, e que a sociedade se dê conta de que todo esse sofrimento coletivo só terá algum sentido se nós, os sobreviventes, ao fim de tudo percebermos o quanto somos vulneráveis e carentes de generosidade e compaixão.

O Burla que perdemos

Homenagem a Artur Antonio Burlamaque

(1943-2021)

Durante aquelas terríveis últimas semanas, o Burla, nosso anestesista por cinquenta anos, morreu um pouco a cada dia, numa agonia semiconsciente de início e depois diluída em sedação. Como o desfecho sempre foi previsível, nós, seus amigos, ficávamos todo santo dia garimpando algum sinal de recuperação, por intangível que fosse, mas que bastasse para preservar a frágil esperança.

Então chegou o dia em que foi decidido interromper a sedação para que, imagine a maravilha, por puro milagre, o Artur acordasse. Quem sabe despertássemos do pesadelo de sua morte iminente e, contrariando todos os prognósticos, usasse uma vez mais, por última que fosse, o seu mantra preferido: "Vamos lá, minha gente! Tá demoradito o serviço por aqui!".

Acontece que nesse tempo de perdas pipocando por todo o lado, os milagres definitivamente escassearam, e cada visita era uma tortura para quem o teve como um indefectível parceiro durante 52 anos. Desde o tempo em que, ambos residentes, estreávamos para a vida separados por um pano verde que definia o território de dois projetos ambiciosos, um anestesista e um cirurgião torácico, unidos pelo prazer de fazer o que fazíamos, estimulados pelos desafios do desconhecido, solidários no medo de errar, animados com a pretensão de aparentar uma segurança que não conseguia ser mais que pretensão, mas sempre sonhando que, um dia, seríamos finalmente reconhecidos como competentes.

Cinco décadas dessa parceria criaram vínculos que transmitiam alento pelo olhar, ou anunciavam decepção pelo resmungo inaudível. O afeto mútuo nunca permitiu que qualquer mágoa fosse verbalizada, porque, afinal, é para isso que servem os amigos. Durante cinco décadas nunca perguntamos onde o Burla estava: ao nosso lado, sempre que precisássemos dele. E para ser o bonachão que chegava antes de todos, para alegrar o grupo cirúrgico com seu humor inabalável, dar uma dinâmica ao bloco que fazia o dia cirúrgico mais curto, e despedir-se com a preocupação genuína de saber qual seria o programa do dia seguinte.

Nas últimas semanas, mesmo com a piora clínica progressiva que minava a lógica da esperança, nos confortávamos em saber onde ele estava: no box 14 da UTI do Pavilhão Pereira Filho, esse hospital onde passou grande parte do seu tempo vivido. O mais dolorido da sua morte é não mais saber onde ele está. Nem o que será de nós sem ele!

O clube dos idealistas

> *A ética do dever define nossas obrigações como membros de uma comunidade, enquanto a moral define nossas obrigações como indivíduos.*
>
> Hegel, século XIX

O Clube do Imperador é o meu filme predileto para mostrar a importância da figura do professor como instrumento de construção dos melhores modelos de cidadãos do futuro. William Hundert (Kelvin Kline, num papel monumental) é professor de uma escola preparatória para rapazes que recebe como alunos a classe alta da sociedade americana. Lá, Hundert dá lições de moral para serem aprendidas por meio do estudo de filósofos gregos e romanos. O clima respeitoso em relação ao professor é quebrado pela chegada de Sedgewick, filho de um influente senador, que rapidamente entra em confronto com as posições do professor, questionando a importância do que lhes é ensinado.

Porém, apesar dessa irreverência, Hundert, impressionado com a inteligência do rebelde, acha que pode colocá-lo nos trilhos da dignidade e chega a favorecê-lo com uma nota melhor do que realmente alcançara para que ele pudesse participar de um desafio cultural, que era o grande evento anual na escola: o *Concurso Júlio Cesar*, sobre a história da Roma Antiga, seus múltiplos e controversos personagens. A descoberta de que o rebelde, cumprindo a sina de escorpião, trapaceara, deixou o mestre arrasado. Ele claramente investira no mau-caráter e se penitenciava pelo que considerou um fracasso como educador.

Passam-se os anos e, um dia, o professor, já velhinho, é convidado por Sedgewick, agora pai de família e candidato à sucessão do pai no Senado, a reviver o *Júlio Cesar* num luxuoso spa da sua família, onde estariam presentes todos os ex-colegas da turma numa pretensa oportunidade de redenção pelo ocorrido trinta anos antes. O cerimonial se reveste de grande pompa e, no final, o professor percebe que nada mudara (tem gente que acredita que o caráter pode ser modificado pela educação!) e que, com um sofisticado dispositivo eletrônico no ouvido, a fraude se repetira.

O encontro dos dois no banheiro, depois desse incidente, é antológico. O mau-caráter interrompe o último sermão moralista do mestre, e supondo-se sozinho com o professor, na maior cara dura, discorre sobre as vantagens de uma trapaça inteligente, que o mundo era dos espertos, e o quanto ele já lucrara com isso. A soberba desse discurso era o atestado da irreversibilidade do caráter. O problema inesperado é que seu filho também estava no banheiro e ouviu toda a conversa. O que esperar do menino que o idolatrava e que, além do DNA distorcido, ainda amargaria pela vida o exemplo do pai?

Por mais que o professor tivesse recebido um comovente retorno afetivo dos outros alunos, certamente carregaria pela vida a tristeza do caso malogrado. Sempre comparo essa frustração com a do médico que salva dezenas de pacientes, mas isso nunca consola nem alivia a carga pelo caso perdido.

O escasso limite da tolerância

*Guardar ressentimento é como tomar veneno
e esperar que o outro morra.*

Anônimo

Como era de se esperar, a minha ideia de velhice, por crescente proximidade com a causa, tem se modificado ao longo dos anos. De qualquer maneira, aqueles dois senhores, parceiros na intimidade e na surdez, que dividiam espaço na fila do supermercado eram velhos há muito mais tempo e devem ter envelhecido juntos, porque havia entre eles aquela cumplicidade dos confidentes que aprenderam a respeitar as pausas silenciosas do outro antes da enxurrada de queixas novas.

A despedida com o "não sei até quando vou aguentar" devia ter-se acompanhado, ao menos, de um toque solidário no ombro, mas o queixoso tinha acelerado o passo, e a mão nodosa do consolador não o alcançou. Eu apostaria que a amargura da velhice expressa naquele desencanto ia assegurar que o papo continuaria no dia seguinte, e novas versões da velha tristeza seriam compartilhadas, comprovando que a capacidade humana de aguentar o sofrimento, se este puder ser fragmentado no dia a dia, é ilimitada. Fiquei pensando na infelicidade de envelhecer tendo que tolerar e quase certamente ser tolerado por alguém.

A tragédia pessoal de ser tolerado com grande frequência permeia as relações humanas tanto pessoais, por ausência de reciprocidade afetiva, quanto profissionais, pela falta de encanto no que se faz. Na medicina, a tolerância é o castigo mais comum destinado a quem não tem prazer em cuidar de ninguém e não consegue evitar que o outro perceba o quanto ele adoraria estar fazendo outra coisa. De antemão, esse infeliz está desperdiçando uma das maiores maravilhas de ser médico: a alegria de ser escolhido por quem precise ser cuidado.

Muitas vezes o paciente, por limitações do seu plano de saúde, também não tem liberdade de escolha, e se estabelece então a mais deprimente das relações pessoais, aquela regida pela tolerância bilateral e simétrica. Esse sentimento é indisfarçável: o médico que tolera o paciente inevitavelmente perceberá que é tolerado por ele.

Nenhuma autoestima resiste à percepção de que, na relação vazia por falta de vínculo afetivo, não há mais do que tolerância. E o fato de essa resignação ser mútua não ajuda nada, porque, tal qual o ódio e a vingança, a indiferença mais agride o odioso do que o odiado.

Todos reconhecem que, quando adoecemos, multiplicamos vulnerabilidade e carência, talvez até com mais intensidade que outros, mas em todas as áreas da atividade humana encontramos tolerantes e tolerados num revezamento degradante de amargura, transferência de culpa, agressividade, ódio e ressentimento.

A tolerância às circunstâncias desagradáveis amordaça o espírito, submetendo-o ao contínuo exercício da humilhação, que mutila sua vítima no plano individual e, quando transferido para o coletivo, é responsável pela mais degradante das tragédias sociais: a perda da capacidade de indignação. Sem essa válvula de escape, perde sentido toda a preocupação com o futuro, entorpecido pela náusea constante de que pior não pode ficar.

Que isto sirva de alerta aos redatores dos discursos políticos do futuro próximo: nossa tolerância acabou.

Juntando os cacos

"Eu preciso de um médico que trate a alma das pessoas! Podes me indicar alguém?" Essa frase foi dita logo depois do "em que posso ajudar?", quase sempre acrescido do recomendável "eu preciso saber um pouco mais, então me conte o que você só contaria ao seu melhor amigo!".

Essa introdução servirá para avaliarmos uma situação comum nesses meses ásperos de irritação coletiva, com todo mundo exasperado pela demora do fim dessa pandemia, e alguns ironizando que o pico da doença está previsto para o final de 2021.

O certo é que essa experiência insólita de temor coletivo mexeu com as pessoas de uma maneira inusitada, constrangendo os pretensos poderosos com a democratização do medo, esse sentimento que melhor define a nossa vulnerabilidade.

O confinamento desde cedo começou a cobrar seu preço, e a proximidade sem tréguas dos cônjuges, sem as novidades trazidas da rua, resgatou mágoas represadas e estimulou um previsível acerto de contas, e muitos casamentos ruíram porque um acabou dizendo "o que precisava ser dito", e o outro, sempre tolerante, agora como um animal ferido e enjaulado, retribuiu.

Outros, sem ânimo para dissecção de relações eternizadas pela mesmice, se deram conta do quanto estavam desorganizados e, com a morte sempre rondando por perto, ficaram chocados com a consciência de não estarem prontos.

Esses cenários resumidos aqui muitas vezes têm sido levados pelos pacientes angustiados aos consultórios dos verdadeiros médicos, esses caras estranhos que, apesar dos modismos tecnológicos, ainda consideram que ouvir é parte essencial da relação entre duas pessoas, ainda que a doença de uma delas não envolva nenhuma dor física.

Nesses tempos bicudos, o descompasso afetivo justifica a demanda por divórcios, e a insegurança em relação a um futuro sem limites estabelecidos tem multiplicado o trabalho dos cartórios, onde deságuam os processos dos requerentes de testamentos pelos tipos que recém descobriram a finitude, sempre mantida distante como se fosse uma improbabilidade absoluta e que agora faz menção de apertar a campainha.

Com as glamorosas estratégias de comunicação virtual tendo atingido os seus limites de competência, ninguém mais aguenta abraços virtuais nem a tela de computador cheias de carinhas amorfas olhando pra lugar nenhum, e sempre alguém perguntando: "Vocês me ouvem?".

É certo que sairemos dessa pandemia mais espertos em comunicação remota, mas o retorno à vida que consideramos de fato normal vai nos encontrar muito diferentes. E tomara que melhores. Para não deixar a minha paciente do início desta crônica sem resposta, digo que não tenho ideia de para quem encaminhá-la, mas que pode me ligar se a solidão parecer insuportável.

Sei que vai ser difícil assimilar tantas perdas, mas confio que passar por uma experiência tão surreal também é viver. E com uma intensidade insuspeitada no nosso antigo modelo de convívio despreocupado. Historicamente, as tragédias são transformadoras, e pode ser que no fim de tudo cheguemos à conclusão de que as nossas vidas já estavam a exigir uma mudança desde antes da doença. Talvez o mais chocante acabe sendo o quanto demoramos para perceber essa necessidade.

Então vamos nos antecipar, juntar os cacos e recomeçar. Por absoluta falta de alternativas.

Medicina narrativa: a redenção

> *A pessoa adoece por carência de verdadeiras relações pessoais. Se você lhe der impessoalidade e neutralidade dará exatamente o que lhe causou a doença. Nossa tarefa é a da construção do encontro. E não há encontro que seja impessoal. Impessoal é o desencontro.*
>
> Hélio Pellegrino

Com os impressionantes avanços da medicina, pode-se dizer, com uma dose sadia de orgulho médico, que sabemos muito mais do que nossos antecessores. Mas isso só aumenta o constrangimento de percebermos que, a julgar pelo aumento das demandas judiciais e reclamações nas mídias sociais, os pacientes não nos percebem melhores. Atribuir a culpa às circunstâncias que encurtaram o tempo de atendimento e impuseram aos pacientes a loteria de sair de casa sem nenhuma certeza de que o médico que estará do outro lado da mesa dará a mesma importância a esse encontro faz algum sentido, porque a interação com o médico é, em resumo, uma relação entre duas pessoas, e o entorno deve ser ignorado quando elas se encontram.

Colocar a responsabilidade na tecnologia que, com seus braços longos, tem aumentado a distância entre o médico e o seu paciente, é uma simplificação inadequada e ingênua. Na verdade, se utilizarmos menos da tecnologia disponível, devemos nos considerar fraudulentos na expectativa dos pacientes, mas se esperarmos que esse novo mundo de monitores coloridos possa substituir a figura do médico, estaremos renegando a nossa essência e abdicando do acesso ao mais nobre dos sentimentos humanos: a gratidão, que é o subproduto mais doce de uma relação humana generosa.

A medicina narrativa, que veio para polir as arestas de uma relação que se tornou superficial e rígida, tem sido adotada como instrumento precioso para, através das artes, humanizar os profissionais da saúde. A inclusão das disciplinas sobre humanidades nos currículos das melhores faculdades de medicina do mundo não deixa dúvida de que a aridez da atitude de quem só aprendeu a tratar das doenças e que ignora o que pensa e sente quem está doente está minando a figura humana do médico, visto até há poucos anos como uma referência afetiva da comunidade.

O estudo da literatura, bem como do cinema e de outras artes, está sendo introduzido como disciplina obrigatória do curso médico das melhores universidades internacionais com o intuito de resgatar o glamour de uma profissão que só é desmerecida por quem nunca adoeceu, mas que, com o aumento da expectativa de vida, um dia descobrirá.

A relação M/P é, em resumo, um jogo de sedução e conquista, e temos que admitir que a mecanização do atendimento médico não tem nada de sedutor.

O que a chamada medicina narrativa tem proposto é o uso qualificado da palavra para que o médico aprenda a se expressar melhor, a se fazer entender melhor, qualquer que seja o nível intelectual do paciente. E pelo mesmo caminho aprenda a ouvir, uma necessidade de qualquer relação pessoal, que tem sido tão ostensivamente negligenciada. Há, finalmente, a consciência de que em algum momento da história recente perdemos o compasso. O que se pretende agora é o resgate do afeto, buscando, na interface com a literatura, a humanização das novas gerações médicas. E isso tudo em benefício do paciente que se sente, como nunca, um intruso no processo do qual ele é a própria razão de ser.

Não recuperaremos a histórica figura do parceiro confiável com esse atendimento surreal, em que cada especialista cuida de um pedaço do corpo de quem, se sabendo único, não entende a fragmentação e se percebe abandonado e desprotegido. E peregrina pelos consultórios como um zumbi, desorientado e solitário.

Arquivo encantado do olhar

A MODERNA neurofisiologia tem trazido informações preciosas sobre o funcionamento do cérebro, incluindo os mecanismos de estímulos prazerosos ou repulsivos. Mas ainda não sabemos quais instrumentos a memória utiliza para arquivar as imagens que guardamos como definitivas. É sabido que temos, como defesa emocional, a tendência de apagar as experiências desagradáveis, ainda que algumas, por terem sido tenebrosas, não só não conseguimos deletar, como periodicamente elas voltam, quase sempre na insônia de uma madrugada solitária.

Saramago, no *Ensaio sobre a cegueira*, comparando-a com a surdez, alertou que a cegueira afasta as pessoas das coisas, enquanto a surdez afasta-as das outras pessoas. Mas se é verdade que cegos interrompemos o arquivamento de novas imagens, também é certo que a memória se encarregará de preservar aquelas que representem as pilastras da nossa construção sensorial.

Ocorreu-me então que talvez devêssemos fazer uma espécie de retrospectiva do que vimos e precisamos conservar, custe o que custar, antes que a ressonância comece a mostrar aqueles assustadores espaços vazios. Nesse inventário, para garantir a autenticidade, nenhuma imagem pode ser arquivada por recomendação de terceiros, mesmo que alguém se sinta íntimo o suficiente para palpitar. A tônica dessa seleção deverá ser a densidade emotiva de cada imagem, a partir da lembrança do quanto a passagem pela retina impactou no nosso sensório e da repercussão das manifestações de intensidade usadas para o registro cerebral do comovente, tais como aperto no peito, taquicardia fora de controle ou lágrimas escorrendo sem nenhuma vontade de contê-las.

Cada um terá o seu elenco de imagens especiais. Passível, é claro, de crítica e subestimação dos que não provaram daquele encanto. Se não, como explicar ao colorado mais fraterno a magia encantada de aparar a bola com a direita e bater instantaneamente com a esquerda, deixando o goleiro imóvel? E com isso arrancar do peito um grito do tamanho do mundo conquistado?

Ou o deslumbramento de assistir na Broadway a *Miss Saigon*, com Lea Salonga cantando *I´d give my life for you*, e a emoção transbordando no teatro de um tal jeito que, quando fecharam as cortinas, o povo saiu chorando pelo corredor. Foi quando ao assistir uma garota aos prantos, encostada numa coluna, pensei: "Chore, minha filha, e aproveite o milagre gratuito da arte".

Ou a comoção que se espalhou pelo Teatro Lope de Vega, em Madri, quando a mais linda das Dulcineias que encontrei cantou *Impossible Dream* no afã de acordar Dom Quixote de la Mancha do seu leito de morte?

Ou ver a transformação rubra do sangue quando o primeiro pulmão transplantado começou a expandir-se, avisando ao Vilamir que seu sofrimento arroxeado chegara ao fim?

É possível que alguém, tendo chegado ao limite do estoque de emoções visuais, se permita cegar? Não há resposta para esta pergunta, apenas a certeza de que viver assim é garantir ojeriza ao desperdício do tempo, esse que é o grande incinerador das lembranças menores.

Escolha a medicina do futuro

Com o distanciamento social prolongado e sem prazos que possam realimentar a esperança, as nossas relações afetivas se modificaram. A intolerância desbancou a gentileza, e a agressividade está sempre com os dentes arreganhados, à espera de que algum gesto dissonante possa ser usado como declaração de guerra. A banalização da morte se transformou em manifestação de inconformidade, não importa o tamanho do que se considere ofensivo.

Soterrados de insegurança e chocados com a descoberta diária de empresas e serviços que literalmente desapareceram, até os votos renovados de que a vida volte a fluir sem sobressaltos soam cada vez menos convincentes. Como sempre acontece nas grandes crises, a busca indispensável da sobrevivência trouxe sugestões, algumas precárias, mas que foram aceitas porque, afinal, era o que tínhamos. Está sendo assim na prática médica.

Durante o ano de 2019, o Conselho Federal de Medicina tinha num primeiro momento cedido à pressão de grandes corporações em favor da liberação da telemedicina, mas por resistência das entidades médicas tinha voltado atrás, até que os protocolos dessa nova forma de oferecer medicina fossem revisados, e definidos os padrões éticos da sua utilização. Com a pandemia, e por absoluta falta de alternativas, as barreiras foram removidas temporariamente, ou seja, até que a crise sanitária terminasse.

O que vai ocorrer quando a vacinação em massa banir o fantasma do contágio é a grande questão. Os planos de saúde, com certeza, alardearão os benefícios de uma medicina mais expedita e disponível, valorizando ao máximo o teórico encurtamento da distância entre doença e a saúde e omitindo, por puro constrangimento, o fato de que o simulacro de medicina, que já se faz nos sobrecarregados e deprimentes ambulatórios da saúde pública, pode sim ser reprisado, de maneira até mais higiênica, pela convivência impessoal do computador. Os problemas burocráticos, como remuneração profissional, agendamentos de consultas e exames, receitas eletrônicas, profilaxia de judicialização e atestados virtuais serão facilmente solucionados, e o braço empresarial da questão festejará.

Tudo resolvido, seremos eternamente agradecidos à pandemia que abriu os nossos olhos, mofados de sectarismo, para o quanto a medicina podia ser mais simples e efetiva? Receio que não. Porque, dessa praticidade sedutora, terá ficado de fora um grupo importante: o das pessoas doentes. Não os que gostariam de fazer um check-up de rotina ou aqueles que resolveram aproveitar a gratuidade da consulta pelo plano de saúde para ver se tem alguma maneira de esclerosar estas veinhas que, com a idade chegando, teimam em aparecer logo acima do tornozelo. Estou falando das pessoas que adoecem de verdade, quando o medo da morte não tem nada de exagero ou fantasia.

Quero saber se há alguma expectativa ou projeto de substituir a compaixão, este sentimento que, por enquanto, precisa do toque do outro para se completar. Ou seremos forçados a acreditar que o fascínio das máquinas modernas poderá tornar o abraço dispensável?

Se for assim, já estou indo liberar a minha vaga no estacionamento.

O que não é programável

Nada na vida é programável, somos maleáveis como o vento: ora brisa, ora furacão.

ANÔNIMO

Os COMPORTAMENTOS diante de ameaças objetivas de morte são surpreendentes e imprevisíveis. E provavelmente nenhuma doença é capaz de provocar reações tão inesperadas e, às vezes, incongruentes como o câncer.

A insistência das escolas anglo-saxônicas de entregar de chofre e sem nenhum filtro de utilidade toda a informação, por mais cruel que ela seja, é anunciada com uma intenção nobre, se fosse completamente verdadeira, de dar ao paciente a oportunidade de exercer o decantado livre-arbítrio. O que é cinicamente omitido, por conveniência, é o quanto essa atitude resulta da pressão dos advogados das companhias de seguro profissional, que sistematicamente recomendam que compartilhar com o paciente todas as decisões é minimizar o risco de demandas judiciais se as coisas não derem certo no futuro.

O temor histórico e a fantasia atávica de morte, variável em cada indivíduo, são fortemente influenciados por fatores como idade, sofrimento físico, qualidade de vida, reciprocidade afetiva, prole carinhosa e sensação de missão cumprida. A presença dessas condições, ou a ausência delas, determina, em grande medida, como reagiremos. E mesmo que as diferenças culturais imponham reações disparatadas, existe a tendência de estabelecer-se normas de conduta no manejo desses pacientes, de modo a assegurar-lhes conforto, controle da ansiedade e confiança na equipe médica.

Nesse sentido, a uniformidade da linguagem no grupo que assiste a um paciente com doença grave é decisiva para que nada do que se diga ou sugira inverta a corrente de confiança que deve prevalecer entre quem cuida e quem, desesperadamente, necessita ser cuidado.

Os médicos mais experientes não cansam de reportar as reações mais paradoxais dos pacientes diante, por exemplo, de informações estatísticas, uma prática muito usada em centros internacionais de oncologia por médicos insensíveis, que ignoram que, para o paciente, entre o 0 e o 100% não existem valores intermediários.

Afora essa desumanidade, é curiosa e imprevisível a reação dos pacientes diante de números, que em geral mais assustam do que tranquilizam. Já consolei paciente desesperada com a informação de que tinha 70% de chance de sobrevida depois de uma cirurgia, e ela, ignorando que poucos projetos da nossa vida pessoal (incluindo o casamento, o mais festejado dos projetos falíveis) têm um percentual tão alto de sucesso, chorava copiosamente, aterrorizada com a ideia de que ela pudesse cair no bloco infeliz dos 30%.

No outro extremo, um homem jovem, portador de um tumor raro e agressivo, voltou de uma consulta com especialista americano por quem soube que, com a combinação de quimioterapia associada à moderna imunoterapia, ele tinha uma chance de 8% de estar vivo ao fim de cinco anos. E me confessou que estava constrangido, "Porque andei choramingando por aí, imaginando que a minha chance era zero".

Lembro de um paciente extremamente perspicaz que, percebendo o quanto o seu quadro era grave, desviava do assunto sempre que pressentia que íamos falar da sua doença.

Uma mensagem explícita: "Na impossibilidade de boas notícias, evitemos as notícias".

A oncologia, mais que outras especialidades médicas, ensina que a esperança deve ser preservada, mesmo quando a expectativa do paciente parecer irracional. O médico, com sensibilidade, deve ser mais que um técnico que sabe todas as cifras e conservar-se empaticamente atento às necessidades individuais, porque, sendo diferentes como somos, estamos mais propensos a insanáveis atropelamentos emocionais se formos tratados como iguais, obedecendo a essas normas rígidas que, recomenda-se, sejam por ora armazenadas naquele espaço vazio, que oxalá seja preenchido por um coração no computador do futuro.

O que se lê e o que somos

SER LEITOR é uma condição que, sem rigorosa autodisciplina, exclui a possibilidade de isenção. E por uma razão muito simples: nós escolhemos o que ler. Evitamos as revistas *inimigas* e jamais assinamos os jornais *deles*. E quando não concordamos com o texto tendemos a abandoná-lo rapidamente. Existem muitas evidências de que esta seleção preconceituosa do que merece ser lido é o embrião para a chamada imunização cognitiva, uma síndrome fartamente estudada na sociedade contemporânea em que tanta gente se apoia na fé, e a partir daí boceja nessa zona amorfa e impenetrável ao raciocínio lógico.

O passo seguinte rumo à atrofia cerebral é evitar pessoas que tenham opiniões contrárias, e só ler ou ouvir as que professam dos mesmos credos.

Então, uma condição essencial para que a leitura não seja meramente lúdica e enriqueça o espírito do leitor é o acesso ao contraditório, oferecendo alternativas que podem eventualmente colocar em xeque as convicções de quem se aventurou a espiar o mundo pelas frestas da curiosidade.

Numa revisão histórica nunca fica bem claro quando o mundo foi influenciado por alguma obra clássica ou o quanto os escritores de uma certa época se deixaram arrastar pelas tendências culturais daquele determinado período. Nesse contexto, parece muito natural, para quem vê de fora, que criador e criatura se misturassem e, assim imiscuídos, se completassem. Difícil é saber o quanto uma onda literária foi determinante de uma revolta cultural ou uma mera consequência dela. E sempre coube aos leitores intelectualmente saudáveis saborear a literatura mais autêntica daquele momento, porque só a autenticidade assegura a permanência de um texto.

Quando começou a era da literatura pedagógica, esta que pretende orientar os leitores de como devem viver e agir nas suas vidas privadas para alcançarem um modelo teórico de felicidade, nasceu a patrulha ideológica que subestima a inteligência de quem já aprendeu que não pode haver modelos padronizados para orientar personalidades diferentes e que, invariavelmente, os comportamentos extremos não brotam por geração espontânea, pelo contrário, representam uma resposta proporcional ao passado recente.

Como assumir que possamos em algum momento ter errado exige uma humildade intelectual que a totalidade dos fanáticos nem imagina o que seja, estabelece-se um clima de revanche, e inicia-se assim um ciclo de irracionalidade em que cada um ouve e ecoa o que gostaria que tivesse sido dito. Para vaiar ou aplaudir. Às vezes constrange verificar que os mais "indignados" com a situação atual não passariam incólumes por um julgamento sério que revisasse comportamentos de uma década da história recente.

Só seremos uma sociedade madura quando tratarmos a opinião alheia com respeito e essa atitude merecer reciprocidade. Fora disso, seremos vistos como reles baderneiros intelectuais e merecedores de censura. Essa forma humilhante de monitoramento social que não existe em países desenvolvidos e é uma quimera nos regimes totalitários, onde a repressão é intrauterina.

Uma doença que afugenta

Hipocondria é a única doença que eu não tenho.

OSCAR LEVANT

HIPOCONDRIA é o medo, infundado e patológico, que alguém alimenta de ter uma enfermidade grave. Como desordem psicossomática, é uma doença mental sentida fisicamente. Ainda que o indivíduo queira viver, ele gasta o tempo, e alguns a infeliz vida toda, na busca de indícios de que esteja caminhando inexoravelmente para a morte. E, enquanto esse alvo inconsciente não chega, ele inferniza a sua vidinha e a de quem se aproxima da sua fábrica de infelicidade. Em vez de concentrar seus esforços em estar bem, o hipocondríaco foca a sua energia em cada sinal que indique o contrário. E qualquer sintoma tem o efeito exacerbado de despertar o medo da morte.

Modernamente, a facilidade de acesso a todo tipo de informação, disponibilizada a granel na internet, é captada por esse leigo ansioso, que sem nenhuma condição técnica de triagem sempre encontrará algum vínculo, por ridículo que seja, entre o que leu e as suas queixas, com seus tenebrosos desdobramentos. Entre os sintomas, a dor, de qualquer tipo, ocupa um lugar de destaque, porque o médico menos experiente não se sente tão confiante para desmenti-la. A suspeição diagnóstica de hipocondria começa na ausência de padrão da dor, porque o leigo não tem razões para saber que as dores de origem orgânica têm características sugestivas de intensidade, localização, persistência ou fugacidade e irradiação. Outro filtro de implacável autenticidade é a premissa médica antiga que "quando tudo dói, a dor não é do corpo".

Vou chamá-la de Renée, mas podia ser Úrsula, tanto faz, eu gosto dela. Foi operada de uma lesão pleural benigna. Um caso fácil, desses que gratificam pela resolução imediata. Por razões que não alcanço, o nosso contrato objetivo de cuidado médico específico não se encerrou com a retirada dos pontos – nada disso, ele foi prorrogado até o fim dos tempos.

Na primeira consulta já tinha chamado atenção um caderno gordo, preso com um elástico, cheio de recortes da imprensa, onde ela anotava, dia a dia, todos os sintomas em ordem cronológica. Um desavisado teria considerado tratar-se de uma pessoa zelosa de sua saúde, mas como explicar o registro dos horários, com o preciosismo dos minutos?

Quando preparávamos a alta hospitalar, o caderno voltou, e ela começou a desfiar um rol de doenças subestimadas por médicos famosos, "mas tão insensíveis, que proibiam a secretária de passar o celular aos pacientes". Esse comportamento, para um médico experiente, significava que ele seria o próximo alvo de reclamações e injúrias quando o cansaço mútuo chegasse pra ficar. Os anos na estrada recomendavam que a relação que iniciaríamos teria que ser precedida por certas normas. E assim foi: "Fique segura de que eu atendo, ou retorno, a todos os chamados de pacientes, mas vou deixar a seu juízo a real necessidade de cada chamada. É muito provável que a senhora tenha extrapolado o limite da disponibilidade de cada um dos excelentes profissionais que constam do seu caderno, porque, por competência, eu me trataria com qualquer um deles. Como a sua lista de dispensados é muito grande, temo que eu seja o último, e é com esse cuidado que gostaria de ser tratado".

Não tenho a pretensão de tê-la curado da hipocondria, porque esta não é uma tarefa para amadores, mas o entendimento dessa questão foi tão grande que, às vezes, ela fica até duas semanas sem dar notícia!

Há consenso que a solidão agrava essa enfermidade, e com os residentes insisto que sejam tolerantes com aqueles que contam histórias intermináveis e agem como se fossem o centro do mundo, mas só queriam mesmo é dizer que se sentem sós e que gostariam de ser, para alguém, só um pouquinho mais importantes do que de fato são. E nunca podemos esquecer que, à semelhança dos paranoicos, que podem ter, sim, inimigos verdadeiros, os hipocondríacos também adoecem, e com alguma frequência morrem de doenças curáveis, porque as tantas queixas vazias exauriram os ouvidos de quem devia protegê-los.

Viver mais, só se valer a pena

Num questionário envolvendo a pergunta: "Você gostaria de viver mais?", se excluídos os depressivos, o SIM ganharia de lavada.

É sabido que a estimativa do número de anos que se espera que um indivíduo possa viver está diretamente associado às melhores condições de vida do país. E essa meta é perseguida com obstinação, por ser um dos critérios utilizados pelo Programa das Nações Unidas para o Desenvolvimento (PNUD) para calcular o Índice de Desenvolvimento Humano (IDH) de um determinado lugar. O acompanhamento desses índices mostrou que, entre 1950 e 2010, a expectativa de vida da população mundial aumentou, em média, vinte anos. No entanto, esse aumento ocorreu de forma desigual entre os países desenvolvidos, os em desenvolvimento e as nações subdesenvolvidas.

Nos extremos dessa escala estão o Japão, com 83,6 anos, e a Suazilândia, um minúsculo país entre Moçambique e África do Sul, com níveis constrangedores de 42,4 anos. No Brasil, estamos com índices razoáveis de 76 anos, com as mulheres vivendo sempre mais (83 anos contra 69 anos dos homens), o que em grande parte explica por que nunca se ouviu falar de excursão de viúvos. Em comparação com 1942, a expectativa de vida no Brasil aumentou 30,5 anos e, apenas entre 2010 e 2017, aumentou mais 2,1 anos.

Mas, voltando ao tema: definido que vamos viver mais, parece primordial que nos preocupemos em viver melhor. E neste quesito estamos em descompasso até com a nossa mãe natureza, para que se tenha noção do tamanho da encrenca que vem por aí. Há um óbvio conflito quando se anuncia que dois em cada três indivíduos nascidos nessa década devem chegar aos três dígitos, ainda que nossos órgãos não tenham sido programados para uma jornada tão longa. Converse com seu esqueleto, incluindo cérebro, olhos, ouvidos, articulações, músculos, sexo, e diga se há exagero nessa afirmação.

De todas as preocupações com o futuro das populações mais longevas, a preservação da utilidade é a mais crítica. Os países mais desenvolvidos têm em comum a preocupação com a disponibilidade do mercado de trabalho para os idosos, entendido que é uma exigência fundamental para a manutenção do equilíbrio social, além de ser um pré-requisito para o modelo mais elementar de felicidade. A sensação permanente de que "eu não sirvo para mais nada" é devastadora para a autoestima, e sem ela assistimos à morte antecipada.

No convívio com meus queridos velhinhos, com os quais fui me identificando cada vez mais, primeiro por proximidade e depois por semelhança, tenho insistido no que considero recomendações básicas:

- Não confunda o tempo livre da aposentadoria com inércia à espera da morte. Ocupe-se.
- Preserve o senso de humor e diga o que você pensa. Sem jamais ser agressivo, aproveite a maior tolerância às excentricidades dos velhos. E divirta-se.
- Não frequente reuniões de condomínio. Fuja das pessoas e circunstâncias que não deem prazer.

- Evite queixas ao telefone, porque elas só servem para escassear as chamadas futuras.
- Não fique repetindo: "No meu tempo as coisas eram diferentes", só porque eram. Esse é o mantra de quem está escrevendo o obituário antes de morrer.
- Deixe como herança as alegrias pelas coisas que você fez. Ninguém precisa saber das que você lamenta não ter conseguido. A saudade que vai restar é pura construção. Construa-a.

Só ser feliz, porque mais não quis

Educação é aquilo que fica depois que você esquece o que a escola ensinou.

Albert Einstein

Quem abraçar a estimulante responsabilidade de transferir conhecimento aos mais jovens não pode esquecer que eles estão vivendo um momento complicado, premidos a tomar decisões e a fazer escolhas, mergulhados numa enxurrada de informações, mas ainda sem os filtros da sabedoria, esses que demoram a ser reconhecidos no longo processo de adequação do que aprendemos com o caráter que possuímos. E, se não bastasse, tal turbilhão ainda está submetido ao tempo, esse senhor debochado, que aparentemente se diverte com a confusão que fazemos com nossas promessas, esperanças, certezas e desilusões.

Tendo feito do magistério uma das tarefas mais prazerosas da minha vida, posso assegurar que muito do alento para continuar quando era mais fácil desistir brotou do brilho daqueles olhos atentos, inquietos e ávidos de tudo.

Poder passar adiante as maiores lições aprendidas em mais de 45 anos de alta complexidade e perceber que as mensagens ficavam reverberando nos futuros encontros renovava cada vez e sempre o entusiasmo de ensinar essa maravilhosa profissão que, como o amor e a morte, não tolera o meio-termo.

Mais desafiador é ser o veículo ético do conhecimento que cresce em ritmo acelerado, mas com a limitação das ciências biológicas, que não seguem as trilhas seguras dos modelos matemáticos porque se alimentam de recursos abstratos como intuição, experiência e bom senso. Flavio Kanter comparou a atividade médica na busca do diagnóstico mais correto à tarefa dos detetives que, servindo-se do método indutivo/dedutivo, juntam as diferentes pistas para construir ou enfraquecer hipóteses.

Nem a chamada medicina baseada em evidências, considerada a maneira mais confiável de diagnosticar as doenças e estabelecer tratamentos com menor margem de erro, está livre de uma variável que liquida com todas as certezas: enquanto as doenças se repetem monotonamente, os doentes se revelam únicos na maneira original de adoecer. Por isso, muito cedo se aprende que ser médico é a arte de conviver com a incerteza sem transparecer insegurança. Afinal os pacientes, assustados pelo medo da morte, confiam nas nossas certezas. E muitas vezes essa confiança é tudo o que podemos oferecer, na expectativa que eles sublimem as dúvidas que não conseguimos disfarçar. Ensinar estudantes de medicina a transitar por esse terreno inseguro e movediço é um exercício de sabedoria e delicadeza, que encanta a quem recebe e gratifica a quem oferece.

Com o passar dos anos fui percebendo que o interesse nas minhas aulas se concentrava no segmento final, quando sistematicamente discuto situações objetivas da relação médico/paciente, exaltando a importância de que sejamos tecnicamente os mais qualificados que consigamos, sem jamais esquecer que entre dois profissionais igualmente treinados sempre prevalecerá o que seja mais afetivo. Nessa altura assumo que minha alegria de viver, e foi tamanha, se alimentou da sensação de que muitos acreditaram.

Sem perceber o tempo passar, porque quanto mais prazerosa mais veloz a vida é, já ouço os arautos da burocracia a tocar as suas trombetas anunciando o fim do meu encanto de ensinar. Foi uma dádiva na minha vida. Claro que sabia que não ia durar para sempre, mas sempre quis que durasse, e vivi como se fosse.

Quando se aproxima o fantasma que tanto atormentou meus últimos tempos, o da aposentadoria compulsória, por coincidência ou generosidade (não tive coragem de perguntar), fui agraciado com o convite para ser paraninfo da AD-2021, da minha muito amada UFCSPA. Minha quinta experiência, que me emocionou como se fosse a primeira. Talvez pela certeza de que será a última.

Posso não ter ensinado ninguém a ser feliz, mas, de tanto tentar, consegui ser.

Quais são as suas prioridades?

À MEDIDA que avançamos na vida, alternando escolhas empolgantes e decepções cruéis, terminamos por construir nossa biografia, que um dia depois da nossa mudança de fase encontrará nossa prole orgulhosa com nosso desempenho ou constrangida pela mediocridade que tentamos disfarçar o tempo todo.

Como os modelos anteriores caducaram por conta de tantas mudanças, teremos que nos reinventar, sem perder a noção do ritmo alucinante imposto pela aceleração da vida. Em paralelo, há uma ansiedade crescente com a sensação de que sempre estamos aquém do esperado, o que tem aberto a porta ao reino dos *coaches*, esses profissionais convencidos de que podem ajudar despertando em você virtudes que desconhecia por nunca terem sido estimuladas ou, simplesmente, por não existirem.

O fato de sermos completamente diferentes (e temos que bendizer as diferenças, caso contrário o mundo seria insuportavelmente chato) sempre alimentou em mim uma certa irritação com a proposta típica dos livros de autoajuda, que oferecem fórmulas idênticas para a busca da felicidade por pessoas diferentes. Porque é assim que somos: diferentes.

Mas como nas últimas duas décadas esse tipo de literatura passou a ocupar espaços progressivamente maiores em todas as livrarias, daqui e de fora, é irresistível dar uma espiada nos mais badalados em busca de uma ideia nova, que faça algum sentido.

E então, quando Alfredo Fedrizzi, um cara inteligente para não se impressionar com bobagens, recomenda um livro novo, melhor dar uma conferida. E o *Essencialismo*, de Greg McKeown, merece mais do que isso, porque contesta, com uma linguagem coerente, alguns conceitos considerados clássicos. Esses que, por falta de argumentação lógica, ninguém se animava a contrariá-los.

O essencialismo é considerado mais do que uma estratégia de gestão de tempo ou uma técnica de produtividade. Trata-se de um método para identificar o que é vital e eliminar todo o resto, para que possamos dar a maior contribuição possível àquilo que realmente importa. À medida que a leitura avança, mais vezes nos perguntamos: "Por que eu não pensei nisso antes?", numa mistura de perplexidade com encantamento pela fluência das ideias.

A experiência pessoal de Greg McKeown é muito convincente, porque ele representava o modelo do cara determinado e compulsivo por fazer tudo perfeito e estar sempre disponível. Um dia, Greg, um jovem ambicioso que emigrara da Inglaterra para o Vale do Silício, na Califórnia, foi apanhado numa encruzilhada da vida: sua esposa dera à luz naquela manhã de sexta-feira, e quando o chefe ligou para convocá-lo para uma reunião com potenciais parceiros comerciais vindos de exterior, ele esboçou uma negativa que foi sepultada pela prepotência do comando: "Manhã de sexta-feira não é um bom momento para se ter filho!". Constrangido, ele deixou a família pra trás, mas ao ser apresentado aos estrangeiros como um modelo de engajamento por ser capaz de fazer o que tinha feito, recebeu em troca o olhar de repúdio dos visitantes, com a força de "Mas que tipo é este, capaz de deixar esposa e filho numa hora dessas para vir a uma reunião com desconhecidos?".

A principal mensagem do essencialismo é a necessidade intransferível de determinarmos, entre tantas coisas importantes, o que realmente fará diferença na nossa vida. Quando fechamos o livro, fica reverberando o conceito básico: "Se você não for capaz de eleger as suas prioridades, alguém fará isso por você". Então, antene-se.

A peste que carregamos dentro de nós

Afora alguns comportamentos bizarros que extrapolaram a taxa de maldade compatível com uma sociedade dita civilizada (dos quais o nazismo e o stalinismo – pode inverter a ordem – foram modelos imbatíveis nos últimos cem anos), a atitude universal tende a ser de uma perplexidade paralisante, que mereceria um estudo para entendermos a nossa falta de atitude mais realista nos pródromos das grandes crises. Como se já estivéssemos doentes antes de a doença chegar.

Se focarmos nas maiores tragédias sanitárias, mais ainda nos identificaremos com comportamentos recorrentes. Albert Camus, no seu admirável *A peste*, já flagrou esse conceito ao descrever a cidade-sede da epidemia como uma espécie de capital da rotina, da mesmice, em que a falta de ambição era agravada pela indolência exacerbada pelo clima desértico. Na segunda página, ele colocou uma frase maravilhosamente didática na definição da apatia: "Em Oran, como no resto do mundo, por falta de tempo e reflexão, somos obrigados, a amar sem saber!".

A indiferença, filha primogênita do desânimo e da preguiça e irmã da tolerância, explica em grande medida a inépcia descrita no limiar de todas as grandes tragédias, em que a negação e a expectativa falaciosa de que "tudo vai passar" são uma constante. Pura comodidade, para não assumirmos que uma grande tragédia possa estar a caminho.

Na novela de Camus, desde que o primeiro rato foi encontrado morto com a boca ensanguentada até a busca de providências porque alguma coisa muito grave estava acontecendo, gastaram-se muitas semanas, um tempo precioso que retardou o isolamento dos infectados, reconhecido desde sempre como a medida sanitária básica para reduzir a propagação do que fosse que atacasse humanos.

A negação, alertarão os psiquiatras, é um item indispensável do nosso kit de sobrevivência e, apesar do que encerra de nocivo, sempre traz uma dose avulsa de energia vital, que retarda ou ameniza a depressão que toma conta de todos quando percebemos, com firma reconhecida, o insignificante que somos.

Não importa a justificativa, no desenrolar de todas as catástrofes nos comportamos com uma apatia que impressiona a qualquer historiador ao ver se repetir cada uma das etapas completamente previsíveis, mas agora discutidas nas redes sociais como se ainda nem tivéssemos retirado a etiqueta do colarinho. Depois do pasmo inicial, seguem-se as teorias mirabolantes e as propostas absurdas de soluções mágicas com um alto teor de fantasia, que confere aquela certeza irracional que só os fanáticos carregam sem encabular.

A etapa seguinte é a de pôr a culpa em alguém, com xingamentos à distância, claro, porque nessa condição, com pouca coragem para ofensas cara a cara, recomenda-se mais do que nunca o distanciamento social.

Comprovado está que, depois de um tempo, cansamos de seguir as recomendações que incluam responsabilidade individual e posamos de destemidos na expectativa infantil de que os outros não percebam o covarde inconsequente que somos.

O preço que pagamos por essa pretensa autonomia parida pela ignorância é que nada aprendemos com essas experiências dolorosas, e os nossos sucessores vão repetir os mesmos erros, sem perceber que essa atitude arrogante e egoísta em relação ao outro e ao planeta é o habitat predileto da peste que carregamos dentro de nós, cheios de prepotência.

A vida como um exercício de sutileza

Nunca escrevi uma vírgula que não fosse uma confissão.

Mario Quintana

Lá atrás, no início da minha vida cirúrgica, fui mais inflexível na orientação dos pacientes em relação aos cuidados com a saúde. A mais frequente e intensa das batalhas foi contra o tabagismo, esta que se impôs como a maior enfermidade do século XX, tendo causado mais mortes do que todas as guerras somadas. E olha que passamos por extermínios em massa que, constrange assumir, foram comandados por uns tipos que na contagem de genes eram iguais a nós.

De qualquer modo, com respaldo científico e treinamento adequado, me fiz combatente de todas as fontes de doenças, porque elas, as doenças, eram mais facilmente decifráveis. Ganhei causas em número suficiente para preservar a esperança e o entusiasmo, e perdi as necessárias para manter a humildade e conservar a gana de tentar ser melhor, custasse o que fosse.

Quando começaram com atraso as campanhas antifumo, porque todos os malefícios já eram conhecidos, esperava-se, e hoje se sabe que ingenuamente, que os fumantes, tendo consciência dos riscos, ao primeiro sintoma procurassem recurso médico, uma expectativa que nunca se cumpriu. E por uma razão simples: diante da proximidade real de uma autoflagelação imposta por um risco que aceitamos correr, o refúgio mais previsível é o biombo da negação.

E os fumantes continuam morrendo de uma doença que mata sete de cada dez pacientes, apesar da consciência presumida da ameaça. Foi então que tive, e aproveitei, a chance de entender o quanto pesa, na visão tendenciosa de alguns fumantes, gastar uma vida sem desfrutá-la. Em 1980, operei o Adelino, um homem de 47 anos com um grande tumor de pulmão.

Ele teve uma evolução melhor do que a prevista pelo tamanho da lesão e ficamos amigos. As consultas de revisão terminavam, invariavelmente, em uma reprimenda: não era possível que ele não percebesse que seu fôlego estava, a cada ano, mais curto. Ele ria debochado e comentava: "Se o senhor provasse desse amarelinho que eu mesmo planto e preparo em rolo, ia entender por que gosto tanto desse parceiro!".

Morreu aos 68 anos, cercado por uma família amorosa, e conservou o humor até o final. O médico que o assistiu na iminência da morte se encarregou de passar o último recado: "Agradeça ao doutor que me deu 21 anos extras para que aproveitasse o prazer de pitar meu cigarrinho!".

Na mensagem não havia nenhum arrependimento, só gratidão pelo respeito, quase cúmplice, às suas prioridades. Aquele foi o momento mais agudo da descoberta de que não basta tratar da doença se o sentimento do seu dono for ignorado. O Mario (aquele senhor que escreveu que "Sonhar é acordar-se para dentro!") era um homem especial, e mesmo tendo chegado aos 87 anos, continuava sendo admoestado pelos médicos porque nunca considerou, de fato, parar de fumar. Um dia extravasou: "Vocês médicos são uns chatos, porque não passa um dia sem que algum venha me dizer que eu preciso, urgentemente, parar de fumar. Enquanto isso, eu fico aqui, esperando que alguém me ofereça uma alternativa que substitua o prazer que o cigarro me dá!".

Dei razão ao Mario, mesmo sabendo que com essa hipervalorização da vida prazerosa nunca serei cogitado para uma função em saúde pública. Acho que vou ter de me contentar com a alegria de entender as pessoas e o significado que algumas dão ao viver para dentro.

O destino,
esse irônico e debochado

EXCLUÍDOS os pusilânimes, todos aspiram à excelência, e sempre que falo disso para profissionais iniciantes insisto que muitas vezes não conseguimos ser os melhores no que fazemos, mas dentro das nossas limitações e respeitados os nossos limites, temos, sim, a obrigação moral de tentar.

Pois o Sadi Schio serviu durante os seus 22 anos de profissão como modelo a muitos médicos jovens que pretenderam sair do batalhão dos conformados com o destino frouxo, este gueto de inércia sempre disponível para acomodar a fraqueza dos que culpam os astros pelo que não acontece na terra.

Formado pela UFCSPA em 1999, mostrou desde logo que a voracidade de conhecimento e a intolerância com a mediocridade definiam um protótipo de insubordinação ao mediano, aquele que sempre quer mais, mesmo quando mais já pareça um exagero. Convivemos na disciplina de Cirurgia Torácica e nos reencontramos na Santa Casa, dez anos depois, onde chegou super-recomendado pelos preceptores impactados pela sua inteligência luminosa e impressionante inquietude intelectual.

Muitas vezes, nesses anos de convívio, festejei a naturalidade com que ele abraçou o lema responsável pela afirmação nacional de um programa de alta complexidade sediado em um hospital com limitações econômicas de toda a ordem: é proibido desistir.

Há três meses, quando ficou evidente que a doença recidivara, comentei com ele, em conversas que despertavam nele animação total, que pretendia tocar adiante um projeto de livro que reunisse a nossa experiência de setecentos casos de transplantes pulmonares, ou cerca de 50% de toda a experiência brasileira nessa área. Quando o convoquei para escrever um capítulo sobre "Como fazer um transplante de pulmão dar certo a partir do pós-operatório imediato", os olhos brilharam como fazia tempo, e eu soube que aquele era um presente que ele já não esperava mais.

Na penúltima conversa, já escolhendo o tamanho das frases pela falta de ar, ele reuniu forças para lamentar: "Desculpe, professor, mas não vou conseguir deixar o capítulo que prometi". E chorou. E choramos.

Com a morte rondando e a vida indiferente ao sofrimento alheio, uma paciente com pulmões destruídos pela Covid foi trazida do interior com oxigenador artificial e mantida em lista de espera para um transplante improvável. Dezoito dias depois, com o Sadi morrendo do outro lado da parede, a Fátima recebeu seus pulmões novos e a esperança de voltar para casa. O destino, irônico e debochado, mais uma vez se impôs, colocando vida e morte em caminhos paralelos.

Vamos precisar de um tempo para assimilar perdas e ganhos. A alegria da Fátima nos estimulará a continuar. Resta-nos administrar as perdas. Enquanto o Sadi era enterrado, fiquei pensando no que tinha sido a nossa maior perda: o parceiro que sempre sabia o que devíamos fazer, mesmo nas situações mais críticas. Então o que perdemos foi isto: a certeza.

Vamos ter que nos reinventar. Com a certeza da falta que ele fará.

Não exagere na felicidade: ninguém vai acreditar

Para a felicidade é imprescindível ralar. Ninguém aprende felicidade lendo sobre a coragem dos outros.

A sociedade que precedeu a internet era chamada por Michel Foucault de sociedade disciplinar, onde a prática vigente era a das prestações de contas aos superiores, fossem eles o patrão, a família ou o país.

Com a chegada das redes sociais e tudo o que elas causaram nas nossas vidas e no conjunto da sociedade, mudamos de rumo e sentimo-nos estimulados a gerir o próprio destino, com a aparente vantagem de sermos nossos próprios patrões. A consequência ingenuamente ignorada num primeiro momento foi que, como donos exclusivos do nosso próprio destino, estávamos eliminando os outros, aqueles que tão comodamente apontávamos como os culpados preferenciais sempre que dava tudo errado. E aí começaram os problemas: nós tínhamos que reconhecer que nem sempre éramos perfeitos nas escolhas e nas mudanças de rumo, que agora, por puro azar, se tornaram mais frequentes.

A euforia pela sensação de liberdade, que logo se percebeu falsa, deu-nos não apenas a autonomia nas decisões, mas impôs-nos a responsabilidade de arbitrarmos o nosso próprio desempenho. Em resumo, o alívio pela pressão que antes vinha de fora tinha sido substituído, e com muita intensidade, pela pressão que vinha de dentro. Isso explica em grande medida a crescente onda de depressão, muito frequente e mais intensa em jovens imaturos que, de repente, se descobriram promotores e juízes de si mesmos, num sistema judiciário original e cruel, em que tudo o que fosse declarado a qualquer momento era usado contra si pelos sedentos jurados anônimos das redes sociais.

Também aqui somos diferentes. As atitudes diante dessas descobertas divergem de acordo com a personalidade das vítimas. Os fortes, menos numerosos do que supomos, contando com a ajuda de fatores soprados pelo vento a favor em local e circunstância, se afirmam e são reconhecidos. Os fracos, munidos de temperamentos adequados ao rótulo, sucumbem às exigências absurdas para quem nunca fora capaz de tomar decisões solitárias, mesmo diante de questões menores. E a sociedade, condicionada a idolatrar os exitosos, não parece nem um pouco interessada em relevar as indecisões desses acampados na primeira encruzilhada.

Segundo o filósofo sul-coreano Byung-Chul Han descreveu na sua *Sociedade do cansaço*, a impetuosidade característica da juventude sadia, estimulada pela autoajuda e encorajada pelo refrão do "nós podemos", passou a fazer parte fundamental de um novo manual da felicidade a qualquer custo. Ignorando que querer ser é essencial para vir a ser mas, isoladamente, não é determinante que se consiga.

O preço pago pela mudança de estratégia na busca obstinada pelo sucesso, que infelizmente não é alcançável por todos, tem gerado um aumento significativo de doenças como depressão, transtornos de personalidade e síndromes como hiperatividade e burnout.

Curiosamente, correndo por fora, e tentando fazer crer que "por aqui, tudo bem", há um batalhão dos constantemente felizes formado por um grupo altamente suspeito: o dos que não têm modulação do humor.

Como é impossível alguém estar *realmente feliz* o tempo todo, cuidado. Estamos diante de um dissimulado. Não obrigatoriamente um mau-caráter, mas consumido pela insegurança que tenta compensar, pela aparência, uma felicidade que não se sustenta.

Ele, na verdade, é vítima de uma fraude cultural que ignora o quanto a tristeza é agregadora, e como precisamos dela para conviver em igualdade de condições com os humanos, esses seres imperfeitos que crescem pela necessidade de assumir que precisam de ajuda.

Cuide da sua vida. Sua morte parecerá com ela

Cada vez que seu Antônio era internado na UTI do Pavilhão Pereira Filho, nos primórdios dos anos 1980, era uma chance imperdível de renovar o fascínio que envolve alguns casais encantados que alcançaram a plenitude do carinho compartilhado. O desvelo da Maria do Carmo comovia e estava explícito nos gestos mais simples, como pentear o cabelo ralo com os dedos magros ou desfazer cada dobra indesejada no lençol.

Naquele ano, o enfisema progressivo chegara ao limite, e o encurtamento entre as internações prenunciava o fim. Mesmo assim, cada alta para casa merecia uma comemoração das enfermeiras, capitaneada pela Do Carmo, que se despedia com olhos de gratidão e palavras de esperança que cada vez mais pareciam distantes da realidade. Em geral, tínhamos duas semanas de sossego, anunciando aquela pausa que todas as doenças crônicas dão – e das quais o enfisema é, sem dúvida, a mais cruel.

E então, numa noite de sábado, o Antônio, arroxeado, trêmulo e confuso, foi outra vez admitido, daquela vez sem o sorriso com que sempre avisava: "Não se assustem, só vim matar a saudade de vocês!". Nunca antes a tristeza tinha sido maior do que a esperança. Mas ainda assim a pergunta da Do Carmo me chocou: "Desta vez ele não escapa, não é, doutor?".

Parecia muito improvável a sobrevivência, mas cadê a parceria que todo mundo invejava? Nunca discuti a reação dela com os colegas de atendimento, mas a mim impactou muito, porque na imaturidade da juventude aquilo me pareceu puro desapego, e o seu Antônio, um queridão feito poço de afeto, não merecia aquele abandono.

Demorei um tempo, e foram exatamente as doenças crônicas que me ensinaram que o sofrimento extremo e sem redenção invariavelmente desperta nos cuidadores mais amorosos a consciência de que a morte, com todo o flagelo da perda, pode ser, sim, a última e a mais dramática das formas possíveis de compaixão. Enquanto toda a dor se tolera quando representa uma barganha para o retorno à vida normal, o sofrimento unicamente como antessala da morte é uma crueldade. Soube, tempos depois, que a Do Carmo tinha morrido subitamente, rodeada de filhos e netos que a idolatravam. E com isso perdi a última oportunidade de agradecer-lhe a lição.

Mas lembro dela sempre que convivo com o sofrimento desmedido de pessoas boas, em algum desses martírios que até os deuses teriam dificuldade de explicar. E foi inevitável evocá-la ao ler a história de desespero de Alain Delon, uma figura mítica que no século passado representou o modelo de deslumbramento das meninas e de inveja dos meninos da minha geração, e que agora delegara ao filho a responsabilidade de organizar a interrupção assistida de uma sobrevivência que perdera o sentido.

Nas redes sociais, os juízes de plantão, com a maldade sempre engatilhada, ignoram nos vereditos cruéis uma peculiaridade do seu sofrimento: o acidente vascular cerebral que lhe roubou muitas funções orgânicas e principalmente motoras não lhe afetou a cognição, de modo que ele, em fraldas, se tornou um testemunho compulsório dos seus escombros deploráveis.

Acho que merece empatia quem sempre se deu ao luxo de escolher os melhores papéis e agora se nega à condição de espectador da sua infinita desgraça.

Vidas suspensas

A CONSTRUÇÃO básica de felicidade começa com autonomia. Nada nos deixa mais vulneráveis do que a sensação prolongada ou permanente de dependência, qualquer que seja, emocional, física, afetiva ou econômica.

Se essa dependência for por coisas materiais, ela pode manter-nos em estado de constante aflição, porque afinal não dá para ser feliz permanentemente acuado pelo assédio dos credores. Mas sempre será possível dar a volta e libertar-se, reforçando a convicção de que uma das maravilhas de se ter dinheiro é a naturalidade de podermos, por exemplo, expressar a nossa opinião, mesmo correndo o risco de perder o maldito emprego.

Um grande e inesperado choque para os muito ricos que por um golpe do destino foram colocados numa lista de espera para transplante é descobrir-se pela primeira vez impotente, porque ali o futuro não pode ser comprado, e, pior do que isso, a sobrevivência depende da generosidade alheia, este sentimento sempre visto por eles como uma evidência de fraqueza.

Nestes trinta anos trabalhando com transplante de pulmão, fui algumas vezes apresentado a uma forma insólita e atroz de humilhação: aquela que não depende do quanto podemos comprar, mas a que resulta da submissão à opinião dos outros porque, por falta de fôlego, perdemos a condição de argumentar, e ofegantes e desmoralizados nos submetemos.

Neste ano da peste, houve uma queda substancial nos doadores em todo o mundo, e tem sido uma experiência dramática o convívio com os pacientes da lista de espera, que foram perdendo parceiros pelo caminho, aumentando a angústia de quem já se estressava pela espera indefinida, agora agravada pela informação de que a roda tinha parado de girar. É duro compartilhar essa premência com quem está correndo contra o tempo, em que cada semana que passa significa a redução da chance de se conseguir um doador, e onde a escassez das doações de órgãos é sentida como uma peça solta na engrenagem da esperança. A queda dos transplantes dos diferentes órgãos variou de 26% a 60%, para desespero de 60 mil brasileiros.

O que se aguarda com sofreguidão é que a retomada da vida interrompida coloque a sociedade nos trilhos, que viver se imponha como prioridade, e que voltemos a pensar na dor dos outros, esses anônimos que têm sonhos iguais aos nossos e necessitam desesperadamente da nossa solidariedade para continuar a viver e sonhar.

A Nathaly tem quarenta anos e um sonho: "Tudo que eu mais quero é ficar boa, me vacinar logo e conseguir realizar o transplante, que a cada dia parece mais longe. Só quero poder cantar uma música, terminar uma frase sem tossir, tomar um banho demorado sem sufocar, ir à praia sem me preocupar se vou conseguir caminhar do mar até onde está a barraca, poder voltar a sair na rua sozinha sem medo de passar mal, amarrar o tênis sem parecer que corri uma maratona. Enfim, eu só quero respirar sem ter que convencer meu pulmãozinho de que se ele não permitir que o ar entre, morremos os dois".

Que médico pretendemos formar?

O caráter é o nosso destino.
Heráclito, 500 a.C.

Que grande e difícil tarefa é formar um médico! Não porque não tenhamos o que ensinar. Pelo contrário, nunca dispusemos de tanta informação, mérito também dos nossos antecessores que abriram trilhas onde não havia nada, essas que o desavisado percorre agora com um ar de soberba de quem, por falta de noção, se comporta como se a chegada dele ao umbral da medicina fosse o marco zero dessa profissão, ao mesmo tempo sofrida e maravilhosa.

Ensinar história da medicina aos mais jovens tem a função de alertar que a fortaleza de ciência que nos protege, sem todavia eliminar o medo atávico de errar, foi erigida com uma novidade de cada vez, com trabalho, incerteza, suor e culpa de muitas cabeças que desde sempre só queriam acertar.

Também por isso, quando vejo os médicos da modernidade dando aulas referendadas por protocolos de medicina baseada em evidências, não consigo deixar de pensar no quanto de esforço humano foi dispendido na construção dessas evidências, numa época em que cérebro, intuição, bom senso e zelo eram as únicas armas disponíveis.

Claro que tenho consciência do peso dessa observação e do risco que corro de ser transferido para a galeria dos jurássicos, aqueles cujas fotos são expostas na parede de museus médicos a serem visitados por velhos saudosistas e jovens pesquisadores em preparação de alguma tese de doutorado. Então, preciso confessar que tendo ultrapassado a fase da vida em que priorizávamos ser populares, estamos só e genuinamente preocupados em oferecer aos jovens em formação a chance de errarem menos e por consequência de serem melhores que nós, ou, pelo menos, de não repetirem, por falta de aviso, os equívocos grosseiros que cometemos.

Por outro lado, estou convencido de que treinar um cirurgião é ainda mais difícil, porque o tratamento que ele oferece envolve uma agressão física como preço do resgate da vida que o paciente considerava normal. Se alguém ainda não se deu conta da importância disso, significa que além de jamais ter sido operado (sorte dele), nunca se aproximou, de fato, dos sentimentos de quem está assombrado com a ideia da morte rondando sempre por perto, enquanto uma equipe de estranhos mascarados se prepara para fatiá-lo com lâminas afiadas sob o comando de um desconhecido que pode estar de mau humor. Oferecer a melhor técnica possível, sem nenhuma preocupação com empatia e solidariedade, representa apenas uma das metades do melhor que podemos ser.

Na formação do cirurgião que pretenda ser completo, se exige muito mais do que isso. E três requisitos são indispensáveis para que se alcance a completude, que enobrece quem alcança e fascina quem dela se aproxima:

- Que adore operar, porque só operando muito serão melhores técnicos, pois entre pessoas normais, as que fazem mais acabam fazendo melhor.
- Que se mantenha atualizado e disfarce a irritação ao ouvir uma novidade que devia ter descoberto antes.

- E, muito importante, que goste de gente e sinta prazer em ajudar.

Faz enorme diferença perceber que, enquanto nas duas primeiras exigências se pode alcançar qualificação e treinamento, a última, gostar ou não de gente, é um atributo do caráter das pessoas.

Se um jovem tiver dúvida sobre a importância do último quesito, uma sugestão: pergunte a um clínico experiente como ele seleciona o cirurgião para quem encaminhar os seus pacientes. Como invariavelmente acontece entre cirurgiões tecnicamente qualificados, ele optará pelo mais carinhoso e empático, e caberá ao principiante construir a sua imagem profissional de acordo com sua intenção de atrair mais ou menos pacientes. E, na contramão, não adiantará se queixar de azar profissional, essa herança amarga que é entregue como retribuição à triste mistura de impessoalidade e desatenção.

A proliferação de técnicos qualificados tornou o mercado mais competitivo, o que exige que o cirurgião seja mais do que um técnico que corta e costura, porque a sala de cirurgia é muito mais que um ateliê, e, ao contrário daquele, o nosso o manequim tem sentimentos, família, medo e esperança. A administração respeitosa desses atributos vai classificar-nos como seres humanos confiáveis, esses que, como recomendou Kant, entendem que a busca de uma vida qualificada não deve se limitar ao que fazer para sermos felizes, mas sim ao que fazer para merecermos a felicidade, sempre posta como consequência.

Em busca do erro zero

Os PRÉ-REQUISITOS para que as pessoas, em qualquer tarefa, se disponham a ser treinadas, são inúmeros. Afinal, se exige não apenas inteligência prática, capacidade de concentração e aptidão ao aprendizado, mas, indispensavelmente, a sensação de importância àquele trabalho que lhe preserve a alegria de fazer, único estímulo capaz de prevenir o afrouxamento que acompanha o enfaro.

Esse conjunto de sentimentos e atributos é o único capaz de minimizar a margem de erro, esse fantasma que nos persegue sorrateiro, e que em geral nos atropela e humilha quando nos sentimos soberbos, cobrando com altas taxas de culpa a pretensão ridícula de sermos donos da excelência.

Mais mortificante é conviver com a consciência da subqualificação, pessoal ou institucional, quando trabalhamos com a vida das pessoas, como, por exemplo, na aviação ou na medicina. Não por acaso, os protocolos de vigilância de uma têm sido aplicados com insistência na outra, e com benefícios recíprocos. Aqueles diálogos do comandante com o copiloto (checklist) antes de iniciar um voo há muito foram adaptados e transferidos para a entrada do bloco cirúrgico dos melhores hospitais. Na aplicação dessas checagens de rotina, duas lições foram trazidas dos cursos preparatórios para pilotos:

- Tudo tem que ser rigorosamente checado, e nada pode ser presumido, não importando o quanto o óbvio pareça maçante. A imagem didática inesquecível é a do aprendiz de piloto na beira da pista aguardando o instrutor, preocupado com tempo cobrado por hora. De repente, chega um cara pedindo desculpas pelo atraso, embarcam e decolam. Minutos depois, lá embaixo, aportam dois senhores identificados pelas camisetas como *instrutores*. A presunção de que um devia ser o que o outro supôs que fosse colocou os dois incautos a voar sob proteção divina.

- A hierarquia do interrogador é perigosamente nociva. Não importa que o cirurgião-chefe tenha feito as perguntas elementares. Os imediatos devem repeti-las. A atitude subserviente do subalterno à posição da chefia, muitas vezes imposta por submissão respeitosa, é temerária. Num curso de segurança em voo, um velho comandante senta-se no cockpit e vê ocupando o assento de copiloto um jovem desconhecido. E lhe pergunta: "Que idade você tem, meu filho?". "Vinte seis anos, senhor comandante!" "Quando você nasceu eu já tinha 30 mil horas de voo!" Muito improvável que o copiloto se animasse a questionar se a posição do manete lhe parecesse invertida!

Outra exigência fundamental é a permanência da equipe. Porque isso significa domínio completo da rotina, que é o caminho mais previsível de quem busque, dentro dos seus limites, a inalcançável perfeição. Segundo uma das muitas ideias brilhantes de Jorge Gerdau Johannpeter, nada desqualifica mais uma empresa, qualquer empresa, do que a alta rotatividade dos seus funcionários. Todo o bom gestor sabe bem o quanto trabalha melhor quem se sente estimulado e protegido pela sensação positiva de pertencimento.

Um último quesito, reconhecido como nunca antes dessa pandemia, é a exaustão das equipes que atuam na UTIs dos nossos hospitais, todos combalidos por uma demanda inusitada, consumidos física e emocionalmente pela imprevisibilidade dos desfechos, pela agudização inesperada de uma doença traiçoeira, pela pressão dos familiares e pelo exercício reiterado da impotência embutido na comunicação de cada notícia ruim.

Superação é a palavra mais usada para definir a atividade desses heróis anônimos, mas também ela tem limite. Ainda mais quando os prazos que alimentam a esperança se alargam indefinidamente.

Dignidade terceirizada?

COM FOCO exclusivamente no lucro, muitas empresas elegeram como estratégia inteligente a terceirização de serviços. E essa tendência se disseminou com uma velocidade capaz de encabular os vírus mais disseminantes.

Se pensarmos com a cabeça de um empresário, nada mais natural que tudo o que represente redução de custos deva ser incorporado ao kit de sobrevivência da empresa, e então, terceirizemos. Por conta disso, vemos megaempresas oferecendo péssimos serviços ao consumidor, e diante da queixa do lesado, na pretensão ridícula de eximir-se, a empresa alega que o atendimento assistencial foi terceirizado, como se isso isentasse de culpa quem selecionou o tal serviço ineficiente para representá-la na relação mais importante que há, aquela que só se justifica se satisfizer o cliente.

O pobre usuário, sem ter o seu problema resolvido, se sente tratado como um débil mental, tão retardado que não percebe que a decisão de contratar essa subsidiária incompetente é da empresa que o fisgou, que o atraiu por sua imponência e marketing, ingenuamente supondo que esses atributos fossem sinônimos de qualidade.

Por outro lado, as prestadoras desse serviço auxiliar, que tantas vezes fraudam a expectativa do cliente, como regra são inalcançáveis, porque estão comodamente protegidas pelo biombo da invisibilidade, que é a mais ambicionada das acomodações, já que livra a incompetência da preocupação de saber o que os clientes pensam dela.

O tratamento dado ao cliente insatisfeito só confirma o desapreço dedicado a ele, quando todas as tentativas de contato esbarram em gravações que oferecem como última alternativa o "diálogo" com um atendente, diferenciado do robô apenas pelo sotaque.

E quase sempre, ao final, por extrema ironia, ainda pedem que o incauto usuário, num gesto de extrema resiliência, dê uma nota ao atendimento, porque "a sua opinião é muito importante para nós". Com o cuidado, claro, de não colocar um palavrão como alternativa de resposta. Mais deprimente é constatar que esse desleixo profissional não constrange mais ninguém, não tem limites e ignora fronteiras.

Assim, se o caro leitor conhece muitas pessoas com mais de 65 anos, e entre elas esses tipos que por índole protecionista desde cedo trataram de investir na segurança futura de sua família, estão todos convidados a participar de uma investigação simples, que pretende trazer alguma luz à escuridão, observada amiúde no beco da relação espúria com os segurados. Para a nossa pesquisa, recomendamos que escolham um momento em que os entrevistados pareçam emocionalmente confortáveis e perguntem, em um tom de voz que não sugira provocação ou deboche, o que eles pensam dos planos de seguro privado no Brasil.

É chocante a frequência com que, depois de décadas de contribuição, o segurado é comunicado da abertura do processo de recuperação judicial da empresa, e isso significa, com a exceção da honrada diretoria e dos amigos do rei, que todos perderão.

Nessa situação, a falta de proteção governamental para o cidadão comum encaminha-o inexoravelmente para o brete dos otários, que representam, como se sabe, a matéria-prima para a gênese da vigarice. A naturalidade com que essa iniquidade se repete constrói a repulsa que estimula a debandada. Afinal, não há muito que esperar de um país em que a população de maior qualificação intelectual é formada por jovens desencantados, que só pensam em emigrar, e velhos arrependidos de não o ter feito antes, quando ainda havia tempo para a reconstrução da autoestima.

O que escolheram por nós

É CURIOSO como o turbilhão de mudanças que nos acompanham, e às vezes nos atropelam, são embaçados na nossa percepção pela simples razão de estarmos indo juntos com a mudança, o que empresta uma naturalidade que nos choca quando, logo adiante, nos defrontamos com a opinião isenta de alguém que tem uma visão mais holística do mundo, ou seja, de um filósofo.

Isso ocorre quando lemos Byung Chul Han, um sul-coreano de 62 anos que há mais de uma década vive na Alemanha, onde é professor de filosofia na Universidade de Berlim. Difícil encontrar num livro pequeno (quase um pocket) tantas ideias originais, na análise desconcertante do que processamos sem perceber que aquilo era relevante porque revelava uma tendência transformadora dos anos que se seguiram à Segunda Guerra.

A partir de 1946, com o início da Guerra Fria, passamos a viver a Sociedade Moderna, também chamada Sociedade Disciplinar, descrita por Michel Foucault. Essa foi, como nenhuma outra, a era da polarização entre o bem e o mal, em que a luta permanente visava a destruição do outro como afirmação do poder. Foi o tempo do macarthismo nos Estados Unidos, das ditaduras militares na América do Sul e da birra para ver qual das forças dominantes tinha melhores condições de destruição global. Os dois lados em disputa gastaram fortunas que poderiam ter varrido a fome do mundo na aquisição de armas letais, e várias vezes a certeza de que se houvesse confronto ninguém sobreviveria foi, paradoxalmente, o único instrumento para a paz.

Na Sociedade Disciplinar de Foucault, as revoltas e os protestos eram constantes porque sempre havia um inimigo de plantão a exigir destruição. Byung Chul Han chamou essa Sociedade de Imunológica, numa analogia com nosso sistema de proteção interna, indispensável no combate aos agressores orgânicos.

A partir da queda do muro de Berlim, os conceitos não apenas se modificaram, mas o fizeram numa velocidade sem precedentes, com inegáveis progressos de um lado e assustadores esvaziamentos de valores éticos do outro, justificando o conceito de *mundo líquido* de Zygmunt Bauman.

Na virada do século, sacramentada a dissolução da União Soviética como força política, inicia-se, na visão de Byung, a Sociedade Pós-Moderna, reconhecida como a Sociedade do Desempenho. Nesse novo modelo, as micropenalidades impostas pela sociedade dita civilizada foram progressivamente substituídas pelos códigos individuais de autopenalização interna. Nunca se atribuiu tanto valor às escolhas de cada um. Em decorrência disso, crescia a ideia de atribuirmos à nossa iniciativa pessoal o que conquistamos ou desperdiçamos. O exemplo mais emblemático dessa mudança conceitual foi o slogan da campanha de Obama: "Sim, nós podemos!".

A figura do chefe foi perdendo importância na medida em que nos tornamos patrões de nós mesmos. A transferência aos mais jovens desse tipo de pressão fez com que eles passassem a viver o desconforto da autocensura. Se estava determinado que "se eu quiser eu consigo", todo o fracasso significava que ou eu não quis o bastante ou simplesmente sou incapaz.

Esse modelo social que transformou os indivíduos em gestores de seus próprios destinos induziu a uma sensação inicial de maior liberdade, mas que era ilusória, porque, se a competição era dele com ele mesmo, em algum momento teria que assumir que suas decepções e fracassos eram impostos por despreparo, falta de perseverança ou simplesmente preguiça. Não ter em quem pôr a culpa virou uma fonte de enorme ansiedade.

O muito tentar e o pouco conseguir (porque em geral somos menos do que gostaríamos) produziu o que Byung Chul Han chamou de *Sociedade do cansaço*, responsável por doenças neuronais como estresse, déficit de atenção, burnout, isolacionismo e, numa condição extrema, suicídio. Talvez essa seja a mais amarga das descobertas de uma geração que, de tanto querer mais, acabou trazendo a infelicidade para essa equação.

O ciúme nunca vai embora

Claro que o ciúme doentio não é chamado assim por implicância. Acontece que ele, de fato, adoece o portador, assombra a família que não sabe o que fazer para racionalizá-lo, e espanta os amigos quando se torna o assunto exclusivo.

Mas quem não sente aquela pontinha de ciúme quando outra pessoa se insinua para seu parceiro ou sua parceira? Ou quando a pessoa amada passa a dar muita atenção a um colega do sexo oposto?

Alguns podem até negar, mas, segundo a psicanalista Taty Ades (autora de *Os homens que amam demais*), "todos sentimos ciúmes, medo de perder quem amamos. O que deve ser avaliado é o quanto somos emocionalmente maduros para lidar com esse receio de forma responsável". Que a idade atenue esse sentimento, é previsível. Tanto que alguém, com boa dose de humor, estabeleceu como diagnóstico seguro de velhice "quando o homem perde qualquer interesse em saber aonde sua mulher vai, desde que ele não tenha que ir junto!".

Mas o ciúme, como um coronavírus afetivo, pode até aparentar que sim, mas ele não vai embora. Seja por zelo, medo da perda ou razões mais sérias, como insegurança e desconfiança, o ciúme se preserva para eclodir sob diferentes formas e circunstâncias.

O Eugênio chegou aos 91 anos com boa saúde. Trabalhou muito, sempre teve pouca paciência com as coisas que encantavam os delicados, enriqueceu além da conta e cuidou que nada faltasse à sua Eleonora, dois anos mais moça, com ossos frágeis e memória recente cada vez mais fugidia. Nos dias quentes, ele colocava a cadeira na sacada e ficava olhando o mundo por cima da copa das árvores que decoram o quarteirão. Enquanto isso, ela preferia cochilar na poltrona e enfurecia se alguém sugerisse que, para dormir melhor, devia desligar a televisão. Quando a idade foi reduzindo a autonomia da dupla, os filhos intervieram para colocar alguém a cuidar de ambos. A primeira candidata era uma avó de 72 anos, enfermeira aposentada e com uma longa trajetória de cuidados paliativos.

A impressão que tive no primeiro contato foi que estávamos diante de uma peça rara de delicadeza, organização e extremo profissionalismo adquiridos em décadas de enfermagem em hospital qualificado. O melhor, e também o menos provável, é que ambos desenvolveram uma relação afetiva simétrica em relação a Felícia – esse era o nome dela.

Um mês depois, reencontrei o casal sozinho. Quando quis saber o que tinha acontecido, ela resumiu: "Uma noite dessas, ele chamou a velhota para que ela visse a lua cheia!".

Tentei argumentar: "Desculpe, minha amiga, não consigo ver mal nenhum nessa gentileza dele!". E ela encerrou o assunto: "Acontece que em 66 anos de casados ele nunca me convidou para ver a lua!".

"Ah, bom, se foi assim, não há o que discutir!" E que ninguém se surpreenda, pois como adverti, tal qual o coronavírus, o ciúme também fica na natureza, espreitando.

O quanto precisamos ter

A comparação é a morte da alegria.

Mark Twain

Era uma manhã de inverno e o Jacinto mantinha o cobertor grosso puxado até o pescoço. Tinha sido internado dois dias antes para tratar um câncer de pulmão em estágio avançado. Fui chamado pela esposa, que tínhamos operado no final dos anos 90, para dar uma olhada no marido, e a encontrei no corredor, com olhos chorados. "Dê uma força, doutor, ele tá sofrendo muito. Ele não quer falar, mas a enfermeira me disse que ele não tem dormido."

O sorriso escancarado da recepção sucumbiu à tristeza quando ele me atualizou: "Mas bah, meu doutor, fui atiçar as verdades com o médico e me dei mal. Quis saber se ele achava que meu câncer tinha chance de cura ele disse que não. Então me arrisquei um pouco mais e quis saber se eu devia ter esperanças de voltar para casa, e ele disse não outra vez. Mesmo valente como um fronteirista que sou, não me animei a perguntar quanto tempo de vida eu teria, de medo que ele me dissesse. E ele respondeu tudo enquanto escrevia, e sabe que o especial nem me olhou?!".

Ficamos um tempo de mãos dadas, e então ele fez um pedido que resumia o que lhe bastava, agora que não havia o que mais esperar: "Me consiga um lugar para a minha velha ficar aqui por perto. Esta cama é boa e me tratam bem, mas eu não quero morrer sozinho".

As prioridades que anunciamos para os últimos dias traduzirão linearmente o modelo de vida que vivemos ou ostentamos. Muitos de nós pensamos a felicidade com exigências que não correspondem às aspirações das pessoas comuns. Alguns anos atrás, a propósito do título de um dos meus livros, duas repórteres fizeram uma pesquisa entrevistando pessoas na rua com a pergunta "Do que você precisa para ser feliz?". Ninguém disse que gostaria de ser feliz se tornando famoso ou ganhando na loteria. Ter saúde, um emprego que permitisse dar segurança à família, poder encaminhar os filhos para uma vida digna já seria mais do que suficiente. Houve até um negro velho, cabeça grisalha, com uma cara boa, dessas que sempre me dá vontade de passar a mão, que confessou estar pronto para ser feliz, mas se pudesse fazer um pedido bem simples seria convencer a negra velha a não lhe encher tanto o saco.

Certamente, se essa mesma pesquisa fosse levada à classe mais alta da sociedade, o índice de satisfação seria muito mais baixo. E o rol de necessidades para uma pretensa felicidade infinitamente maior na comparação com as pessoas mais humildes, que se contentam com o que têm, porque nunca tiveram a possibilidade nem de imaginar o que seria possível ter.

Aparentemente, de tanto querer o desnecessário, acabamos perdendo o que sempre esteve ao alcance da mão, mas que, por estar assim oferecido, foi ignorado.

Isso também ocorre no plano material, onde coisas não necessariamente melhores despertam a cobiça dos consumistas, simplesmente por serem mais caras. Na essência, o pequeno percentual da população que tem acesso a todas as portas que a riqueza abre espontaneamente está contaminado por dois para-efeitos acoplados à ambição: a insaciedade e a comparação. Infelizmente, quem fizer da vida a busca da superação nesses dois quesitos poderá até despertar a inveja dos incautos, mas intimamente, se viver o suficiente, lamentará o equívoco na escolha das prioridades.

Com o mundo repleto de exemplos, parece recomendável que se quisermos monitorar o nosso projeto de vida como gerador potencial de felicidade temos que incluir humanismo nessa checklist. As figuras mais reverenciáveis da história sempre foram identificadas pela preocupação com o outro. Enquanto osególatras, enclausurados na redoma da autossuficiência, podem até ter angariado riquezas, mas experimentarão no fim da vida a amargura da solidão plena, aquela que ainda consegue ser requintada pela companhia mal-disfarçada dos interesseiros.

Os descartáveis

A miséria de uma criança interessa a uma mãe, a miséria de um rapaz interessa a uma mulher, a miséria de um velho não interessa a ninguém.

Victor Hugo

Os MÉDICOS de verdade nunca se habituam com a ideia de atribuir naturalidade à morte simplesmente porque ela é o inevitável ocaso de todas as vidas. E muita gente passeia por aí porque em algum momento em que tudo parecia perdido alguém não desistiu. Esta questão não é linear, mas, como norma, o exercício médico só será considerado maduro se no caminho deste esforço, pessoal e tecnológico, houver a perspectiva de uma vida digna. O que, evidentemente, exclui aquelas situações de tratamentos fúteis, nos quais a protelação da vida é apenas um ritual de execrável crueldade. Com o paciente e sua família.

Os aspectos legais e humanitários sempre vem à tona quando se considera a interrupção de tratamentos inócuos, muitas vezes caros, e invariavelmente dolorosos. A decisão de abandonar o tratamento só é tolerável para o médico que está convicto da irreversibilidade do quadro clínico com desfecho iminente. Sem essa convicção, a tendência lógica, e eticamente correta, é observar um pouco mais.

Em situações trágicas como grandes guerras e pandemias, há uma dramatização natural do contexto quando as decisões sob tensão fazem de cada caso uma batalha emocional, e desencontros de opinião podem ser dramáticos e rudes, especialmente se arbitrados por estranhos que, distantes dos dramas pessoais, seguem à risca normas inflexíveis baixadas por burocratas naturalmente despidos de qualquer resíduo de afeto.

A exposição profissional a este tipo de exigência gerou uma enorme carga de sofrimento aos médicos que, no auge da pandemia, foram obrigados a estabelecer prioridades, quando ficou evidente que não havia hospitais, leitos, ventiladores e medicações para todos os necessitados, e então pacientes mais jovens e com melhores condições de recuperação foram priorizados.

A mortalidade, seguindo estes critérios de seleção, foi devastadora em lares de idosos, alguns deles com doenças neurológicas degenerativas, com qualidade de vida comprometida, e convenientemente guardados em ambientes alheios, que emprestassem um mínimo de dignidade à espera indeterminável pela complementação da morte.

Quando algum desses velhinhos adoecia, exigindo cuidados de terapia intensiva indisponíveis nesses asilos, que nem de oxigênio dispunham, o desespero tomava conta dos assistentes e voluntários que, pendurados nos telefones de emergência, rapidamente descobriam que a senha para eliminar qualquer tipo de ajuda estava na resposta da primeira pergunta: "Qual a idade do seu paciente?". Sempre seguida de uma falsa promessa de que a primeira ambulância disponível seria encaminhada para aquele socorro.

A banalização da morte, a sensação massacrante de que algumas delas poderiam ter sido evitadas, a pressão da imprensa por dados atualizados, o número crescente de casos, a falta de prazos definidos para alimentar a esperança, a indefinição do futuro das vacinas e a quebra, diária, do recorde de mortandade produziram inusitada democratização do desespero.

Para dramatizar ainda mais uma situação já completamente caótica, médicos e enfermeiras, tensos e esgotados pela exigência desumana de enfrentar plantões intermináveis, submetidos ao exercício constante da impotência, foram convocados à função de consoladores de familiares que tinham perdido seus amados desprovidos do afeto mais elementar: o da proximidade física no fim da vida.

Quando se encontrava um técnico chorando pelo corredor, ainda havia a dúvida se este choro era pelo sofrimento compartilhado com uma família inconsolável, ou pela notícia de que um colega de plantão tinha sido entubado ou morrido, porque a peste não poupava ninguém.

Comprovando que a pandemia foi uma tragédia universal, este é o argumento de *Help*, um filme que é o relato/denúncia das condições sub-humanas dos lares de idosos na Inglaterra, no auge da pandemia, no ano de 2020.

Que o cérebro seja o último

Com os avanços da medicina moderna e a identificação dos múltiplos fatores que contribuem para o aumento da idade média da população, estamos produzindo uma legião de longevos sem termos tido tempo de preparar-nos para dar um sentido à protelação da morte. Essa preparação deveria incluir obrigatoriamente a preservação da utilidade, que faria muita diferença na aceitação das famílias que deixariam de pensar no seu amado como um peso morto, carente de autonomia e função.

Não há unanimidade de que *As intermitências da morte* seja o melhor livro de Saramago, mas ninguém discute que a ideia é genial. Imagine-se que um rei, determinado a não perder a mãe agonizante, instituiu que no seu reino ninguém mais morreria. Depois da euforia inicial pela vida ilimitada, começaram os problemas. Primeiro com os coveiros, mas, como eram poucos, foi fácil realocá-los em outras tarefas. Depois, em poucas semanas, os hospitais estavam atulhados, porque o banimento da morte não eliminava a doença. Então se chegou a um impasse: não havia onde mais colocar os moribundos, e nem pensar em levá-los pra casa, porque afinal os familiares tinham suas vidas e ninguém merecia cuidar de cadáveres interrompidos.

Convencidos de que a morte, por mais dolorosa e cruel, seguia sendo natural e indispensável diante de tantos transtornos, houve um certo alívio quando uma carta foi encaminhada pela própria morte a uma emissora de televisão para que fosse levada a público a notícia de sua volta. Contudo, o retorno dar-se-ia sob novas regras: "A partir da meia-noite de hoje se voltará a morrer tal como sucedia, sem protestos notórios, porque depois da amostra de como seria viver para sempre, a partir de agora toda a gente voltará a morrer, mas passará a ser prevenida por igual e terá um prazo de uma semana para pôr em dia o que ainda lhe resta na vida".

E a vida no reino voltou ao normal, restabelecido o ciclo vital que encerra perda e recomeço. No mundo real, periodicamente, retomamos a discussão sobre o sentido da vida. Numa dessas assembleias médicas, onde predominavam os veteranos, se debatia a qualidade de vida como justificativa primeira para quem aspirasse extrapolar a média. O professor, de maneira objetiva e realista, lamentava que não estivéssemos, como médicos e cientistas, pesquisando como melhorar nossos órgãos e sistemas para as décadas extras, que eram anunciadas como se tudo fosse uma maravilha.

"Quando ouço que de cada três pessoas nascidas nesta década duas chegarão aos cem anos, isso mais me assusta do que anima. E tanto me assusta que tenho pensado em suprimir algumas medidas que adoto desde os 45 anos, quando decidi que viveria o máximo que fosse possível. Pensando, claro, que teria 45 anos para sempre. Agora, com oitenta, penso que a falta de planejamento foi constrangedora. Nossos órgãos, claramente, têm prazo de validade: nossos olhos, ouvidos, ossos, e articulações aparentemente foram concebidos para uso pleno numa época em que, raramente, se ultrapassava os cinquenta anos".

Um gaiato, na primeira fila, imaginou que encantaria o mestre com um reforço da tese: "E o nosso sexo também não, não é professor?". A velocidade da resposta e a intolerância a compartilhar o protagonismo mostraram que pelo menos a inteligência e o senso de humor continuavam intactos: "Desculpe, mas eu nem sei do que o senhor está falando!".

Sobre o autor

JOSÉ J. CAMARGO, ou simplesmente J.J. Camargo, nasceu em Vacaria (RS). Formado em medicina pela Universidade Federal do Rio Grande do Sul (UFRGS), onde obteve posteriormente o grau de mestre e doutor em ciências pneumológicas, fez pós-graduação em cirurgia torácica na Clínica Mayo, nos Estados Unidos.

Em 1989, foi pioneiro em transplante de pulmão na América Latina. Dez anos depois, realizou o primeiro transplante de pulmão com doadores vivos fora dos Estados Unidos. É diretor do programa responsável por mais da metade dos transplantes de pulmão feitos até hoje no Brasil e idealizador e atual diretor do Centro de Transplantes da Santa Casa de Porto Alegre, onde também é diretor de cirurgia torácica, disciplina que leciona na Universidade Federal de Ciências da Saúde de Porto Alegre (UFCSPA). Por seu reconhecido trabalho na área, recebeu diversas distinções, como a de Cidadão Honorário de Porto Alegre e a Comenda Farroupilha.

É membro titular da Academia Nacional de Medicina, da Academia Sul-Rio-Grandense de Medicina e da Academia Brasileira de Médicos Escritores, além de Membro Honorário da Academia Brasileira de Medicina da Reabilitação e da Academia Baiana de Medicina. Escritor, professor e também reconhecido palestrante, tem mais de 1.100 conferências proferidas em 22 países.

Desde 2011, é cronista semanal do caderno Vida, de *Zero Hora*. Leitor inveterado, é fanático por Gabriel García Márquez, José Saramago, Philip Roth e Patricia Highsmith, além de cinéfilo e apreciador das artes – invejoso de qualquer pessoa que toque um instrumento musical.

É autor de seis livros sobre sua especialidade e dos seguintes livros de crônicas: *Para onde vamos com essa pressa?* (2020), *Se você para, você cai* (2019), *Felicidade é o que conta* (2017), *O que cabe em um abraço* (2016), *Do que você precisa para ser feliz?* (2015), *A tristeza pode esperar* (2013, Prêmio Açorianos de Literatura 2014 e Prêmio Livro do Ano AGES 2014), todos publicados pela L&PM Editores, e *Não pensem por mim* (AGE, 2008).

lepmeditores
www.lpm.com.br
o site que conta tudo

IMPRESSÃO:

PALLOTTI
GRÁFICA

Santa Maria - RS | Fone: (55) 3220.4500
www.graficapallotti.com.br